Михайловский замок

Ольга Форш

Михайловский замок

ISBN: 978-1-64439-853-1

Михайловский замок

Глава первая

В 1798 году Наполеон мимоходом, направляясь в Египет, захватил остров Мальту. Несмотря на боевые запасы артиллерии, магистр Ордена сдался без всякого сопротивления и скрылся в Триест. Достоинство великого магистра предложено было русскому императору Павлу Первому. Мечтая о воскрешении древнего рыцарства, Павел не только принял предложение кавалеров Ордена, но дал приказ: "Повелеваем опубликовать о сем во всей империи нашей и новый титул внести в прочие титулы наши". Тотчас дана была аудиенция в Зимнем дворце депутации капитула Ордена, которая торжественно поднесла императору корону и регалии великого магистра. На Новый год Павел явился перед изумленными придворными в короне, супервесте и великолепной мантии и объявил, что впервые будут сожжены в Павловске в канун Иванова дня знаменитые костры Мальтийского ордена.

Преувеличенный восторг, с которым русский император отнесся к протекторату над Мальтийским орденом, вызвал в Европе насмешку, и с лукавой иронией записал аббат Жоржель: "Русский император, не принадлежащий к католической церкви, но исповедующий схизму Фотия, сделался гроссмейстером Ордена религиозного и военного, имеющего первым своим начальником папу. Император Павел поразил Европу".

Однако, кроме этой, забавной аббату, стороны дела, возникновение постоянных сношений с Мальтой было серьезным по своим последствиям расчетом Павла и продолжением умной политики Екатерины. Упрочив свое влияние на Мальте, Россия могла на Ближнем Востоке успешней бороться с Англией.

Накануне Иванова дня Павел ушел из дворца один в дальнюю прогулку. В конце липовой аллеи, на парадном плацу, уже сложены были в клетку и белели серебряной корой молодой березы девять костров. Гирлянды из редких оранжерейных цветов и прочие украшения плаца поручены были молодому ученику придворного живописца Бренны —

Карлу Росси. Мать его была знаменитая прима-балерина, мадам Гертруда Росси, отчим — не менее знаменитый постановщик балетов Лепик, а настоящий отец его был неизвестен.

Император задумался, приближаясь в своей одинокой прогулке к любимой им Старой Сильвии. Было здесь безлюдно и не парадно. Под июньским солнцем особой свежестью пахли травы, еще не кошенные, блестевшие после недавнего дождя. На этих вот лужайках, бывало, отроком, в сопровождении любимого воспитателя Порошина, собирал он цветы и травы для гербария. Порошин, душой преданный, — был бы жив — охранял и сейчас...

Впрочем, к чему теперь охрана, если завтра ночью вспыхнут девять мальтийских костров? Иезуит патер Грубер, которому разрешено в любой час дня и ночи входить в императорскую спальню, сказал сегодня особо торжественно:

— Едва запылают девять костров во имя святого Иоанна, как охранительная стена, незримая глазу, будет воздвигнута вокруг вас, помазанника и духовного главы рыцарства всего мира.

Как всегда, в минуты, когда он верил всей душой в могущество охраняющих его сил, Павел вдруг освобождался от подозрений, страхи отступали от него, и он был счастлив тем простым счастьем, как в памятный день, когда царица-матушка подарила ему это сельцо — Павловское.

И, молодо оглянувшись вокруг голубыми глазами, прекрасными, когда не затемняло их безумие, отбросив докучные мысли, Павел с любопытствующим восхищением новичка, попавшего впервые в эти прелестные места, стал осматривать извилистые берега — веселой речки Славянки.

Двадцать лет тому назад Екатерина подарила ему эти земли, но полюбил их он много раньше. Сюда, в этот густой сосновый бор, когда здесь еще было всего два охотничьих домика, смешные Крик и Крак, спасался он, бывало, из Петербурга, оскорбляемый фаворитами.

Все дальше шел Павел, любуясь цветущим своим парком. Вспоминал, как начинал разбивку его вдоль речки Славянки к старому шале и от него к мосту Крика. По модному английскому образцу вели посадку кустов, искусно пользуясь красивыми склонами речки. Давно забытая детская радость охватила, когда узнал места самых первых наивных построек: вот хижина монаха, трельяж, там беседка на китайский манер, и другая подальше — подражание Піранези — построена в виде полуразрушенной башни-руины.

А какие были узорные цветники на многочисленных островках, какие шаловливые между островками каскады! Камерон давал указания на устройство просек. И хотя все, что напоминало царство и вкусы матушки, было непереносимо и наполовину уже уничтожено, Павел сейчас воздавал должное Камерону, вызывая в памяти им одним созданную особую легкость, изящество и прелесть планировки.

Когда под именем князей Северных он с женой путешествовал по Европе, построен был большой дворец, начата колоннада Аполлона, храм Дианы, большой каскад, вольер и дворцовая баня. Всё заботы ее, матушки-царицы.

Пока сын отсутствовал, Европы ради строила напоказ, чтобы крепко держалась молва об ее материнской заботе. О каждом пустяке писала своим друзьям за границу, забрасывала их подарками, они же ее — хвалой. Всё для видимости... А скуповата была для истинных нужд семейных! Выписан был знаменитый Гонзаго для росписи дворца, а приехал — платежей нет. В необходимом, в белье и платье нуждались. Зато сейчас его время, его право.

Едва мать умерла шестого ноября, как уже двенадцатого император переименовал сельцо Павловское в город. И судорожно, с раздражением, стал по-своему переделывать парк: Славянку приказал запрудить, часть островов уничтожить...

Павел дошел до мыльни и Пиль-башни и присел на скамью.

Да, не тот теперь Павловск — подтянулся. А при матушке-то сколько фальшивого сентимента вызвал приказ его о прекращении нищенства? Правда, случился некий пересол — на цепь посадили одного инвалида... Так ведь не помер же он с того!

И с удовольствием Павел подумал о своих последних приказах директору парка: воспретить строжайше в парке свист, зряшные разговоры, непотребный хохот... не матушкин, чай, дом распутства. В городе Павловске пребывает он, самодержец, гроссмейстер Мальтийского ордена.

Впрочем, приличному веселью и он не препона: кавалькады, прогулки, завтраки в молочном домике, вечерний чай в шале. Но императору и отцу необходимо всегда знать, куда именно, надолго ли и зачем ушли от него его близкие. Придумал лотерею, чтобы прикрыть свою тайную подозрительную настороженность: вынимали как бы шутя билетики, куда именно идти сегодня, он же записывал.

Прогулки, им одобренные, были: в зверинец, в охотничью

будку, по пограничной просеке и назад, по аглицкой дороге и через Звезду — семь верст. Самая длинная прогулка.

Любил, чтобы приходили назад точно, по часам. Все концы были выверены. Дышал спокойно, когда знал, что никуда зайти не могут, что некогда им пошушукаться — только и дела, что прошагать туда и обратно.

Вдруг Павел налился кровью, побагровел, сильней забилось сердце. Вспомнил, как недавно наткнулся на Александра, который записан был как ушедший на просеку. Александр с книжкой в руках сидел в беседке и в вытянутой руке держал большие карманные часы. На просеку он с прочими, видимо, не пошел, а сидел тут один и следил по часам, когда ему явиться к отцу.

Оттого что тогда сдержался и сына не обличил — тем тяжелее запомнил ему эту обиду.

Мысль о сыне повела в те места, которые с такой любовью украшала царица-матушка для любимца своего и — тайно мнила — наследника.

Павел двинулся к Александровской даче и с горечью думал:

"Неужто матушка, столь разумная и в многих государственных случаях справедливая, не понимала, что, минуя отца для преимущества сына, она сеет в сердце моем страшные семена?"

Вот она — Александрова дача — воплощение сказки императрицыной о "розе без шипов и царевиче Хлоре", написанной для любимого внука.

Встали в памяти слова пиита:

> И отрок с самого начала,
> Когда рассудку мысль его внимала,
> Научится быть осторожным здесь...

Дом на крутом берегу, а в долине театр с золотым верхом. Недлинная аллея, обсаженная цветами, ведущая к дому, неожиданно обрывается, и восхищенному взору предстают раздолья полей и синева дальних лесов.

Павел не мог удержаться от зависти к сыну, когда попадал в царство его счастливого детства. Сколько внимания и нежности шло к внуку от той, которая обидно пренебрегала им, родным сыном. Таков ли был бы он сейчас, выпади ему в детстве жребий Александров?

"И отрок с самого начала... научится быть осторожным здесь". Да, осторожности Александр научился!

И вдруг неудержимо и больно пронзила сознание одна мысль — так огненная змейка, вновь возникшая на пожарище, которое, сдавалось, потушено, вырастает вмиг в злое пламя: Екатерина вовлекла Александра и Константина в постройку дворца. Ребята, забавляясь, клали фундамент. А что, если заложили туда и такое, что может взорваться? И оно взорвется?

Долго в оцепенении стоял, прислонясь к статуе Амура. В смертной тоске глядел, как Амур, на веки вечные обреченный натягивать лук свой, медленно розовел, словно оживал под лучами летнего солнца. Стоял неживой, пока совсем простая, здоровая мысль не пришла сама на выручку: да ведь дворец-то уже много лет тому назад строили, ребятишками сыновья были... Вздор это! Вздор и безумие! Сам дьявол взбудоражит вдруг подозрениями, спутает сроки, навеет бессмыслицу...

Павел пугливо оглянулся: не видал ли кто, не угадал ли его постыдные мысли? Вдруг посветлел и весело крикнул:

— Полкашка, сюда!

Стремглав летел к нему через кусты и тропинки большой лохматый пес. В собачьем восторге, что донюхался, где его хозяин, Полкан неистово прыгал, норовя лизнуть прямо в губы.

Ребячливо смеясь, Павел сам обнимал собаку, усаживал рядом с собой на скамейку. Полкан с сознанием исполненного долга высунул красный язык и спустил пышный хвост со скамьи.

Павел рассмеялся, вдруг что-то вспомнив, и сказал Полкану, доставая из кармана вчетверо сложенную бумажку:

— А ты, братец Полкан, — знаменитость. Адмиралы про тебя пишут. Вот послушай-ка...

И он стал читать собаке вслух то, что давеча досрочно списали из записок гостившего в Павловске адмирала Шишкова:

"Забавы наши в Павловске однообразны и скучны".

— Ну и поскучай, коли хочешь быть при дворе. Так, Полкашка?

"После обеда степенно, мерными шагами прогуливаемся по саду. После шести шествуем на беседу весьма утомительную. Государь с великими князьями садится рядом, мы подпираем стены, как безмолвные истуканы. Государь ведет с детьми сухие разговоры, мы же не смеем ни говорить между собой, ни вставать со стульев. На длинном шлейфе императрицы лежит всегда простая дворная собака".

— Это же ты, Полкашка! — мазнул Павел собаку листом по морде. — И простая и дворная, а мне сего адмирала милей.

"Неизвестно, откуда явилась сия собака. Но она не отстает от императора..."

— И не отставай, Полкан, охраняй меня!

"И скоро со всеми прочими сия собака стала предерзкая, государь может один ее гладить, и его она не кусает. Однажды она залаяла во время вахт-парада. Государь рассердился и крикнул: "Уберите ее от меня!" Но она не далась никому на руки и просила прощенья, повалившись на спину, четыре лапы вверх, и махала хвостом, — он простил ее".

— А ведь и точно, было дело, — смеялся Павел. — Ну и дурак же этот Шишков, такое записывать! Как с ровней, с тобой, Полкашка, считается. Если бы римский безумец Калигула не произвел своего коня в сенаторы, я бы тебя, Полкан, пожаловал в адмиралы.

"Сия собака любит театр. Во время действия сидит в партере на задних ногах и смотрит на актеров, будто понимает их речи и действия".

— Донос на тебя, — веселился Павел. — Ай да адмирал Шишков! Завтра, на зависть ему, посажу тебя с собой рядом в ложу.

Павел спрятал бумажку в карман, решив еще посмеяться вечером вместе с Аннушкой Гагариной, и, веселый, пошел в сопровождении Полкана через мост, украшенный трофеями, к храму Цереры, рядом с которым высокой струей бил ключ, посвященный Марии Федоровне.

Император и пес напились студеной воды и, поднявшись на высокий холм, вошли в храм "Розы без шипов".

У храма был крутой купол на семи колоннах. Посреди алтарь, на нем ваза. В вазе прекрасная роза с гладким блестящим стеблем без единого шипа. На плафоне торжественная фреска: Петр с высоты небес смотрит на блаженствующую Россию — дородную женщину в сарафане. Она же, окруженная наукой и промышленностью, опирается на щит с изображением Фелицы. Внизу орел когтями разламывает рога луны.

Павел вспомнил, что граф Литта вручил ему статут Ордена, требующий неукоснительного выполнения всех правил, от чего крепла сила охраняющего действия ритуальных костров, которые зажгут завтра на парадном плацу. Он вынул записную книжку, посмотрел в который раз параграфы и сделанные к ним собственные отметки. Между прочим была и такая:

"Справиться у Винцента Бренны, кто истинный отец ученика Карла Росси? Если не дворянин, обладавший грамотой, восходящей к десяти предкам, личное присутствие одного Росси на сожжении костров допустить нельзя".

Кроме Росси, записаны были и другие.

Вдруг Полкан с веселым лаем кинулся со всех ног к небольшой открытой беседке, и Павел увидал там рисующим в альбоме того самого юношу, о котором только что думал.

Карл Росси так был охвачен своей работой, что, погладив мимоходом Полкана, даже не оглянулся на императора, хотя не мог не знать, что лохматый пес неотлучен при царе.

Павел большими шагами направился к беседке, он готов был разгневаться. Мария Федоровна, супруга, не нахвалится изяществом рисунков этого Росси, только по ним и режет свою слоновую кость, а намедни донесли, что в городе болтают — Михайловский-де замок воздвигается дарованием сего юного Карла, его учитель Бренна только проекты подписывает...

Тем более столь доблестному юнцу не след манкировать своему императору. Всем существом обязан он чувствовать его приближение.

Подойдя вплотную, Павел хлопнул Росси по спине. Тот, испуганный, вскочил:

— Ваше величество?..

— Хвалю, сударь, хвалю, — мгновенно смягчившись, скороговоркой проговорил Павел, — у вас чистый взгляд, чистый!

Росси недоумевающе смотрел на императора широко расставленными глазами, еще весь поглощенный своей работой.

— Дышать забываете, сударь, когда рисуете, — смеялся Павел, — не то что салютовать вовремя своему императору. А ну, покажите.

— Эскизы украшений для завтрашнего празднества, — протянул Росси альбом.

Он был очень молод, прекрасной внешности. Соразмерность частей его стройного тела давала впечатление особого изящества. Волосы вились, усиливая приветливость лица, глаза, светлые, с ярко отмеченным зрачком, доверчиво, не страшась, смотрели в глаза императора.

— Ваши рисунки отменного качества, сударь. А известно ли вам символическое содержание завтрашнего таинства костров?

Павлу отрадно было думать, что никакой задней, скрываемой мысли у этого юноши нет, он полон одним беззаветным увлечением своим искусством. И горько мелькнуло: "Вот такого б мне сына... такому б я верил".

Полуобняв Росси, облизанного мохнатым Полканом, Павел

пошел с ним обратно к Большому дворцу. Дорогой он давал Карлу последние указания, как надлежит распределить гирлянды и венки, какую постепенность требует сожжение костров и фейерверка. Подойдя к плацу, где сейчас производилось учение, Павел нахмурился, заложил руки за спину, что всегда у него было началом гнева. Вдруг он оттолкнул Полкана и один проскочил далеко вперед, бросив Росси. Ему показалось, что сын Александр, командовавший марширующими гатчинцами, потушил мгновенную усмешку, увидя отца с молодым архитектором. К тому же и гарнизон шагал не по артикулу. Хотя это были любимые гатчинцы, под командою Александра они с неряшеством, неточно печатали шаг.

Вмиг рассердившись на сына, на гатчинцев и неимоверным усилием воли сдержав этот гнев, Павел круто повернулся к оторопевшему Росси и неприятным, повизгивающим голосом прокричал ему:

— О вашем происхождении, сударь, не имею чести знать в точности! Матушка ваша — прима-балерина, вотчим — Лепик, ну-с, а, собственно, родной ваш батюшка кто будет?

Павел попал в больное место. Росси покраснел до слез, однако, не теряя достоинства, отчетливо вымолвил:

— Я не знаю сам, ваше величество, кто мой родной отец.

Опять юноша стал приятен.

— Бы-ва-ет... — с мягкой насмешкой протянул Павел, вспомнив, как сам немало страдал от пересудов досужих придворных, что он не сын Петра Третьего, а всего-навсего Сергея Салтыкова.

— Учителю вашему, Бренне, передайте, что прожекты я ваши одобрил. А точные сведения об отце — добыть от матери и представить мне наутро.

Павел, стуча каблуками, держа за ошейник Полкана, зашагал быстро к дворцу, а Карл Росси, потрясенный происшедшим, избегая ненужных встреч, пошел темными аллеями на почтовый двор.

Тройка отличных коней быстро домчала Карла до города. Он взял ялик и, перед тем как увидеться с матерью в театре, поехал кататься по Неве. Как спасательный круг утопающему, чтобы выбраться из захлестнувшей пучины, необходимо Карлу в хватившей его лютой тоске убедиться, что все так же незыблем вознесенный над Невой монумент Фальконета, все так же великолепны творения Растрелли, усыпанные украшениями, залитые золотом, дремотно мерцающие под нежным, нежарким северным солнцем.

Карл мысленно вызвал в памяти своей и то, чего сейчас не было перед глазами: вот усилием воли, под мерный плеск весел, перенесся он в здание изящного Камерона, и тотчас знакомой утешающей лаской коснулось его разбитых чувств это ожившее в новой форме чудесное искусство древней Помпеи. От Камероновой галереи перешел он мыслями к строгим, величественным колоннадам Кваренги, этой души воскрешенного Рима, и ему стало легче, отпустили горечь и боль.

Эти воображаемые, мгновенные, по желанию вызванные путешествия по творениям великих мастеров зодчества были ему привычны с детства, как его сверстникам слова молитв. В минуту душевного упадка они просто спасали. Выхватывали по волшебству из тяжелой действительности и, как на ковре-самолете, вмиг переносили в область навеки незыблемого и прекрасного.

Яличник налег на весла, и Карл погрузился в бездумный отдых, глядя на студеную и летом, сине-стальную воду Невы, на чаек, белых и легких, как большие хлопья снега.

Чайки, занесенные на многоводную красавицу реку с моря, казалось, приносили с собой и его освежающий морской запах.

С освобождающей душу отрадой смотрел Карл на гранит, одевший Неву, на Мраморный дворец Риналъди, на изумлявшую каждый раз заново своей воздушной красотой Фельтенову сквозную решетку Летнего сада...

Далеко отступило, выпало из памяти лживое придворное общество Павловска, и потухли обиды, нанесенные безумным царем и легкомыслием родной матери.

В углах средней башни Адмиралтейства, рядом с флагами, вдруг зажглись фонари, — так повелела Екатерина после наводнения, — и Карл, боясь опоздать в театр к матери, приказал яличнику причалить к берегу.

Ему повезло. Сегодня дежурили служители, знавшие его с детства, они беспрепятственно пропустили в уборную матери. Она была одна.

— Мадама гримируется, — сказала горничная, — но вы пожалуйте...

— О сынок мой маленький, хотя уже большой, — с нежной лаской пропела Гертруда, не отрываясь от зеркала, перед которым она кончала накладывать грим. — Ты сейчас увидишь мать крылатой Психеей, Я буду сегодня чудесно танцевать. О, я уничтожу Настасью Берилеву, уничтожу!

Гертруда постучала заячьей лапкой по столу.

— Настасье сбавят столовые и квартирные и на башмаки и на чулки. Не ей равняться со мной!

Карл съежился, онемел. Как далека была от него эта мать, полная закулисных интриг. И даже свои ласковые слова говорила она ему без всякой мысли, как говорят любимой комнатной собачке.

Карл встал, подошел к Гертруде, сказал жестоко, не глядя:

— Я требую от вас правды, пора мне узнать... кто, собственно, мой отец?

— О, зачем так сердито! — простонала Гертруда. — Ты ранишь мое сердце этим голосом.

Она не сказала — словами...

— Император мне задал вопрос, и я должен узнать про отца. Понимаете: кто тот человек, от которого я рожден?

Гертруда жеманно хихикнула и, как в балете, погрозила игриво пальчиком:

— Неприлично говорить о таком со своей матерью!

— Мать должна открыть тайну моего появления на свет.

Росси подошел к выходной двери и загородил ее собою, чтобы Гертруда, не упорхнула без ответа на сцену.

Мадам Гертруда, все еще прекрасная, неистребимо молодая, подбежала к сыну, высокому ростом. Поднявшись на носки, туго обтянутые розовыми туфельками, она пригнула голову Карла обнаженными душистыми руками к своей груди и с очаровательной грацией прошептала;

— Сын мой, дитя... ведь я не ведаю и сама, кто твой отец! Но я люблю тебя за двоих. И сейчас я буду танцевать для тебя... только для тебя.

В дверь постучали. "Иду!" — весело крикнула Гертруда и, еще прильнув к сыну, сказала с мольбой:

— Не надо нам ссориться, дорогой, не надо!

Прима-балерина была права. Едва сын увидел ее на сцене театра легкокрылой, поистине воздушной Психеей, он все ей простил. Точность рисунка ее танца, волшебный полет, совершенство движений восхитили его, освободили, унесли. Прославленный танец Гертруды Росси был совершенной силой искусства, снимавшей бремя вседневных тягостей. Недаром писали про нее, что она вызывает благодарные слезы восторга.

А когда, минуя жадные взоры гвардейцев-балетоманов, ловивших ее улыбку, ему одному, возлюбленному сыну, она послала воздушным шарфом приветствие и скрылась за кулисами, — Карл выбежал из театра.

Он боялся, что мать позовет его ужинать. Он уже не хотел утратить свое разнеженное дивным танцем благодарное к ней чувство. На сцене мать совершенный художник, в жизни — неумная, тщеславная женщина. Какие с ней счеты!..

Была лунная ночь. В зеленоватом прозрачном свете стоял город. Росси, не отдавая себе отчета, не глядя по сторонам, почти без сознания мчался по непривычным ночным улицам к великому утешителю своему, бессмертному всаднику Фальконета. Перед ним замер.

Глядя на Петра, юноша испытывал великое удовлетворение.

Его охватило настроение совершенного бескорыстия. Ничего он для себя не хотел и вместе с тем сейчас впервые узнал — он свершит в своей жизни великое, для всех нужное.

Он глядел неотрывно на освещенного лунным светом скакуна, который откуда-то, из недр, вихрем взлетел на самую вершину скалы.

Невиданный этот конь нес на себе всадника, увенчанного лаврами. Всадник простер над городом отеческую десницу. Он звал вперед.

И Карл ощутил всем своим существом, что несокрушимая, всепреодолевающая воля к созданию еще никем не угаданных зданий до конца дней стала ему второй природой.

Глава вторая

Согласно ритуалу мальтийских рыцарей Карл Росси не был включен в число гостей, имеющих право присутствовать при сожжении девяти костров. Необходимых по статуту предков у него не оказалось.

— Как художнику, вам даже будет любопытнее охватить все зрелище сразу, с вершины ближайшего холма...

Так, с любезной улыбкой, желая смягчить удар его самолюбию, сказал Росси церемониймейстер Ордена.

Но Карлу было только дело до того, что скажет ему его Психея, Катрин Тугарина.

Воспитанная отцом-вольтерьянцем, веселая насмешница — кто лучше ее способен подметить неумное чванство придворных, их фальшь, ханжество? Как мило, наверное, она посмеется над тем, что у него не хватило предков, тогда как у нее их излишек.

Но сейчас искать встречи с Катрин невозможно, работы еще по горло. Придется отложить свидание до позднего вечера, уже после сожжения знаменитых костров. Любопытно, прочтет ли Катрин без ошибки его любовный мадригал на гирляндах? Подбором разнообразных оттенков живых цветов Карл собирался окончательно выразить Катрин свои чувства. Ему уже удалось послать ей предупреждающую записку:

"Возобновите в памяти "язык цветов", чтобы прочесть на гирляндах костров предназначенные вам слова".

Хотя император Павел строго преследовал все забавы, которые были в обычае при дворе его матери, у каждой девицы хранился в тайничке вместе с толкователем снов и "язык цветов".

Карл отправился в оранжерею, где он должен был дать последние указания помощникам. Дорогой он еще раз осмотрел воздушные зеленые беседки, затейливые павильоны, боскеты, сооруженные по его рисункам, и остался доволен. Хотя ему давно хотелось на чем-то громадном развернуть свой дар, которому, чувствовал он, уже пора найти достойное применение, — эти легкие, веселые работы из живого материала самой природы восхищали его. Он был как первый создатель мира, располагая по собственному вкусу купы дерев и кустов, нагромождая скалы и камни в излучинах речки, вознося лиственные арки, низвергая каскады...

В оранжерее подручный Митя рассказал Карлу, что и

наследник Александр по поводу запрета художникам, как не имеющим достаточного количества предков, присутствовать на празднестве вместе со двором, прищурясь, вымолвил: "И дело. Всяк сверчок знай свой шесток. Иные из молодых уж слишком подбираются к государю..."

— Это он на вас намекал, Карл Иванович, — бережно сказал Митя, — все отметили, наследник вроде вам завидует, потому что государь особливо к вам ласков.

— Для ученика Лагарпова такие чувства едва ли подходящи, — улыбнулся Росси, — но меня Александр и вправду не слишком жалует.

Карл вспомнил, как он недавно принес в кабинет Марии Федоровны заказанные ею рисунки для чернильницы, а она, восхищаясь, протянула их наследнику и сказала;

— Хорошо, если бы вы так умели для меня рисовать.

— Но я ведь в художники не готовлюсь, — вспыхнул Александр.

— Очень помню, мой сын, — вы готовитесь царствовать, — уязвленная его тоном, подчеркнула мать.

И намедни как нехорошо на него глянул Александр, когда с обнявшим его императором он подошел к марширующим гатчинцам.

— Самолюбив очень, — неодобрительно сказал Митя, — и фрунтом задерган, и отцом запуган, и глухоту свою скрывает. А у вас так все выходит легко и свободно.

— Наследнику, конечно, живется невесело, но довольно о нем. Нам с тобой, Митя, сейчас дело кончать. И домой мне еще заглянуть, переодеться...

Карл быстро и точно сделал последние распоряжения; не в силах сдержать счастливую улыбку, перечислил Мите, какие оттенки цветов еще необходимо доставить из самой дальней оранжереи. Наконец он двинулся к проспекту Лепика — так, по приказу Павла, именем его отчима окрещена была близлежащая прямая улица, в конце которой возвышалась затейливая дача знаменитого танцовщика.

Митя догнал Карла и, шагая с ним в ногу, застенчиво сказал:

— Просить вас хочу об одном деле...

— Проси, Митя, только шаг не задерживай.

— Узнайте у господина Лепика про Машеньку. Она ведь всегда при вашей матушке в кордебалете танцует. Сильфидой ее прозвали... а сольной партии всё не дают. Очень ей это обидно. Проведать бы у господина Лепика, есть ли скорая надежда?

— Спрошу, Митя, — улыбнулся Карл. — Машенька — твоя невеста?

— Выкупить мне ее надо раньше, — грустно ответил Митя. — Я, Карл Иванович, на это жизнь свою положу. Сумма немалая, но благодаря вашей помощи и господина Бренны я кое-что уже скопил. Годика через два-три авось...

— Будет ли Машенька так долго ждать? Соблазнителей много в балете.

— Она верная, — прервал, вспыхнув, Митя. — Она давеча мне сказала: "Лучше умру, а бесчестьем сольной партии не возьму".

— Хорошо, Митя, что ты веришь Машеньке. Вот и я верю...

Карл запнулся и покраснел. Митя сам деликатно закончил:

— Вашей избраннице, Карл Иванович, тоже вполне можно верить. Умница какая, красавица... Уж я вам для мадригала всё как есть подберу. Куда мне доставить цветы?

— Всю охапку неси прямо к кострам, я туда скоро приду. А просьбу твою, будь покоен, исполню. Ну, беги.

Митя был племянник и крестник замечательного литейщика Хайлова, который спас при отливке монумент Фальконета от гибели. Он был сероглазый юноша, почти с белыми льняными волосами, младший ученик Бренны, который употреблялся больше для работ подготовительных, нежели живописных. Как мастера Возрождения, Бренна почитал приличным иметь штат подростков-помощников при выполнении больших заказов и работ, требуемых двором.

Росси сразу отличил Митю за недюжинные способности, прямодушный ум и, узнав про мечту его выкупить свою невесту, стал ему передавать доходную работу.

Митя нравился ему и сам по себе и тем, что был племянником человека, который вызывал особое уважение. Бецкий передал отливку памятника Петра самому Фальконету, а надзор за работой — русскому мастеру Хайлову. Меди заготовили триста пятьдесят пудов, и когда она, растопленная, была уже пущена в нижние части формы и заполнила их, произошел прорыв, и медь разлилась по полу.

Фальконет в отчаянии, что его труд рушится и честь погибает, выбежал вон из мастерской. Его примеру последовали все рабочие, кроме Митиного дяди. Один он, не потерявшись, заделал отверстие и стал, с опасностью для жизни, вычерпывать медь и вновь заполнять ею формы.

Отливка вышла на славу, только лишних два года пошло на шлифовку изъяна. За спасение памятника Хайлов получил денежную награду и первым долгом выкупил из крепостного состояния родную сестру с Митей, его крестником. Литейный мастер был крепкий, умный, вольный человек, и Митя, подрастая, наследовал его независимый нрав. Карла Росси он преданно любил, восхищался его талантом и мечтал в будущем, когда женится на свободной Машеньке, строить под его началом.

Карл Росси подходил к даче своего отчима, очень приметной благодаря большой террасе, затканной сверху донизу ярко-красным турецким бобом.

Павел не выносил танцующих мужчин, считая, что самим богом они предназначены быть только воинами. Но для Лепика император сделал исключение: кроме того, что Лепик был европейски признанный танцовщик, он писал балеты на модные классические темы, среди которых попадались и военные — балет "Дезертир".

Феликс Лепик вместе с Гертрудой Росси и ее маленьким мальчиком Карлом — после триумфов в Париже и Лондоне — из Италии приехал в Россию.

Карл значился в бумагах — пасынок Лепиков; так он был записан и дальше на службу при дворе.

После особого успеха поставленных Лепиком балетов собственного сочинения — "Амур и Психея", "Прекрасная Арсена" — ему предоставлена была, к зависти всех прочих актеров, "безденежно" ложа третьего яруса и наивысший оклад.

Феликс Лепик дремал в большом кресле на собственной террасе, а несколько поодаль стоял мальчишка-казачок с длиннейшим чубуком в руках. Вся фигурка казачка выражала большое напряжение. По опыту он знал, что если промедлит минуту, чтобы поднести барину, едва он проснется, раскуренную трубку, — размашистый удар по спине этим самым, вырванным из рук, чубуком будет ему назиданием. Казачок не переставая дул на тлеющие угольки, Лепик мирно похрапывал, и черные усы его, отпущенные за лето, пока он не танцевал, а только писал балет, вздрагивали, как у таракана. Нос был горбатый, римский, а брови, как намазанные густой черной краской, полукружием обегали закрытые веками глаза. Одет Лепик был пестро, словно фазан: шелковый халат с разводами, на голове красная феска, узорные шитые туфли на босу ногу.

Сон отчима был чуток. Еще сладко храпел его римский нос, как внезапно приоткрылся карий глаз, с любопытством оглянул Карла, и Лепик прокричал тенорком: — Пасынка бог послал! С чем поздравить?

Он вскочил с кресла, легко подбежал к Росси и скороговоркой насмешливо сказал:

— Веночки, беседки, гирлянды цветов — дамское занятие, дамское... Не вижу для вас в том много чести — не в садовники вас готовили.

Карл что-то хотел возразить, Лепик не дал, сам продолжал, махая руками:

— Говорят, ваш учитель Бренна, как на осле, на вас воду возит... Вашими руками жар загребает. Постоять за себя не умеете. Ну, с чем пришли? Есть до меня дело? Говорите скорей, я сейчас примусь за работу.

Лепик выхватил у подскочившего казачка свой чубук, кинулся обратно в кресло и скоро исчез в клубах дыма, как сказочный волшебник.

Воспользовавшись минутой, когда отчим, занятый делом, принужден был помолчать, Росси, памятуя просьбу Мити, сказал:

— С моей матерью танцует в вашей постановке некая Машенька, именуемая за грацию Сильфидой. Она в кордебалете...

— Знаю Сильфиду и первый ее одобряю, — сказал важно Лепик. — Ну и что же, ты влюблен?

— Она невеста моего приятеля Мити, одного из младших учеников наших. Он просил меня узнать, есть ли надежда получить ей вскорости сольное выступление?

Лепик вынул изо рта чубук и рассмеялся.

— Как раз вчера получила. Из-за ее упрямства твоя мать разбила два хороших стеклянных стакана, пока наконец убедила Сильфиду. Маша свое счастье поняла и сделала то единственное, чего не хотела делать: по приглашению нашего князя Игреева с ним поужинала наедине. А сегодня я получил предписание дать ей партию Амура, И если твой приятель не будет дурить, эта Маша от щедрот князя скорее добудет себе вольную сама, нежели ожидая, до седых волос выкупа от жениха. Убеди этого Митю... Жизнь есть жизнь!

— Как можете вы так говорить? Вы ничего не понимаете в таких людях, как Митя...

Лепик заклектал опять птичьим смехом, потом выпучил страшно глаза и крикнул:

— Умная рыба ищет, где глубже, умный человек — где лучше! Здешняя русская пословица есть истина, а жизнь есть жизнь. Это надо понимать, а вы тоже не понимаете. Почему вы наотрез отказались учиться танцам? Вы отказались от своей фортуны. О, если бы вы танцевали!

Лепик ловко бросил подскочившему казачку свой потухший чубук.

— Если бы вы танцевали, вы могли бы стать наследником славы вашей матери и моей... да, моей славы.

Лепик хлопнул небольшой растопыренной рукой по шелковым разводам выпиравшей грудной клетки и поднял голос, как актер высокой трагедии.

— Если бы вы танцевали, я бы мог вас вполне назвать своим сыном. Но молодой человек, рисующий беседки, цветочки, веночки, вместо того чтобы посвятить себя благородному богу движения, — мне не может быть сыном.

— И желания особого к тому не имею, — сказал холодно Росси.

— Предерзкий негодяй! — вскричал гневно Лепик. Брови его, черные и толстые, как пиявки, вздернулись кверху, щеки побагровели, римский нос побелел.

Карл круто повернулся и пошел в свою комнату переодеться.

— Осел!.. — крикнул ему вдогонку отчим, кидая на пол ноты, пепельницу, черешковый чубук, вырванный у перепуганного казачка, и с нарастающим гневом продолжал: — Пудель любит танцевать... Лошадь любит танцевать... Одного осла надо стегать, чтобы он танцевал. Но и осел танцует... Вы — хуже осла.

Не найдя больше достойных для утишения своего гнева предметов, Лепик дрыгнул ногой и послал далеко в коридор, через незакрытую дверь, свою туфлю с босой ноги.

Казачок, как собачка, стремглав кинулся к туфле и водворил ее снова на ногу барина.

Вдруг Лепик сразу охладился, взял в руки карандаш и, как ни в чем не бывало, стал им выстукивать такт и напевать что-то, черкая в нотах.

А Карл, нарядный, красивый, полный мечтаний о восхитительной Катрин, желая, чтобы его не увидел отчим, черным ходом направился к парадному месту.

Карл шел и думал о том, как он встретится с Катрин. Вероятно, она уже знает, что его не будет на парадном торжестве. Конечно, она не сочтет это для него унижением. Сколько раз сама ему говорила, что таланты выше всякого происхождения. Да, одной ей, восхитительной Психее, хотел Карл рассказать о том, что пережил недавно ночью у памятника Петра. Рассказать, как ему, великому всаднику, и самому себе дал обет — сделаться первым в мире зодчим.

И, взяв ее прекрасную руку, он ей скажет:

— Быть может, вы, Катрин, никому не отдадите вашу свободу, пока я этим зодчим не стану?

Или нет... зачем так долго ждать? Быть может, довольно ему только вернуться из двухлетней поездки в Италию, куда повезти его хочет Бренна. И когда он, как Баженов, привезет из Рима и Флоренции признание его высоких успехов, — с ее умом, свободой взглядов, ужели она сама не скажет смело отцу:

— Я люблю этого художника. У него большое будущее...

И отец-вольтерьянец благосклонно ответит;

— Как вы оба можете сомневаться в моем согласии?

Так юношески мечтая, наслаждаясь медовым запахом лип, Карл вдруг приметил в конце темной старой аллеи два белых платья. Как узнать, кто эти гуляющие так близко от дворца? Карл, чтобы остаться самому незримым, когда белые платья с ним сравняются, спрятался за скамью, укрытую кустами жасмина. В просветы ветвей вдруг мелькнули голубые ленты, как дымок завился белый газовый шарф, и обе женщины, смеясь, кинулись вперегонки к скамье. Это была Катрин со своей замужней подругой Аделью.

Насмеявшись, они продолжали прерванный разговор, и вдруг Катрин назвала его по имени. Она сказала:

— Какое же благополучное разрешение судьбы любезного Карла Росси вы придумали, дорогая Адель?

Адель, смеясь, вынула из ридикюля книжку в сафьяновом переплете:

— Это наш женский оракул. Здесь советы на все случаи жизни и на самые тайные наши желания. Откроем заветную главу...

— Я хочу прочесть сама. — Катрин потянула книжку.

— Только читайте вслух, ведь в вашем деле заинтересована и я, — лукаво сказала Адель. — Начинайте отсюда. Это подходящий для наших разговоров анекдот прошлого времени.

И Катрин прочла:

— "С некоей мадемуазель Дюшатель случилась беда, неприятная для девицы высокого положения в свете. Она влюбилась без ума в красивого гувернера своего младшего брата. Молодой человек отвечал ей пламенной взаимностью. Каролина — так звали девицу — таяла на глазах своих родителей и знакомых, молодой человек, на ее счастье, был робок".

— Ну, разве это не ваш случай, Катрин? — всплеснула руками Адель. — Но продолжайте, разрешение ваших мук через несколько строк.

— "Старшая сестра Каролины, опытная в сердечных делах

баронесса Д., приласкав сестру, ей тихонько сказала: "Я вижу все, дорогая, но помочь вашему горю вы легко можете сами. Скорей примите предложение старого маркиза де Зет, вы станете несметно богаты, и, так как сейчас у нас в моде книжки Жан-Жака Руссо, вы даже подниметесь во мнении света, если вашим любовником станет красавец бедняк. У меня же для вас и для вашего милого всегда найдется уютный приют..."

— Но ведь это решение времени прошлого, — сказала Катрин, — и я думаю...

— Это решение бессмертно, — прервала Адель. — Время только вносит маленькие внешние изменения. Сейчас не только вам надо выйти замуж, но и Карлу жениться на какой-нибудь титулованной, чтобы быть принятым в нашем обществе по праву; руссоизм не в моде, и бедный зодчий списка ваших побед не украсит. Я, конечно, возьму свою долю, — тонко улыбнулась Адель, — но зато отлично сосватаю вашего Карла...

— Хорошо, если б на глупом уроде, — подсказала насмешливо Катрин. — Но как вы мыслите вашу долю?

— О, я не оригинальна, помирюсь как раз на том, чего хочет от своей младшей сестры предприимчивая баронесса Д. Прочитайте...

— "Чтобы все между нами было без облачка и претензии, — сказала старшая сестра, привлекая в объятия свою младшую, — уговоримся сейчас: иногда вместо тебя встречать его буду в гнездышке — я".

Карл, сдерживая дыхание, смотрел на мелкие золотистые кудри Катрин, на ее детскую шею... Психея. Что ответит она?

Катрин сказала тем спокойным, чуть насмешливым тоном, который всегда так казалось Росси — таил в себе и свободу ума и благородство поступков:

— Я принимаю все ваши условия, мудрая Адель.

Она тихо засмеялась, и ее голубая лента, взметнувшись далеко за куст жасмина, шаловливо чуть скользнула по щеке Карла.

Карл рванулся, толкнул нечаянно дерево, под которым сидели Катрин и Адель. На них посыпались листочки и сучья, они вскрикнули и, как лани, помчались далеко по аллее.

Карл, не прибавляя шагу, по внешности спокойно двинулся к месту сожжения костров, но, погруженный в странное оцепенение, вдруг спутал тропинки и не зная как, очутился перед крепостью Бип.

Там шла какая-то возня. Он вздрогнул, сразу не понял, потом сообразил: после вечерней зори подымают игрушечный подъемный мост.

Несуразная средневековая подделка. Как сравнить эту безвкусную нелепицу с той совершенной Камероновой постройкой, которую Павел приказал здесь разрушить? Это грубое зачеркивание произведения большого мастера, эта возведенная на его месте тяжелая, как солдатский прусский сапог, крепость сейчас вдруг до слез оскорбила его.

Не так ли всё в жизни? Не так ли она, Катрин, его Психея, растоптала его любовь? Она, конечно, выйдет замуж с расчетом и спокойно отдаст руку тому, с кем выгодно вступит в сделку ее вольтерьянствующий отец. А после, как все... заведет салон и займется игрой в любовь. Неужто эти умные глаза, этот рот, сладостно изогнутый, эти движения, полные грации, — одна оболочка, прикрывающая пустое и грубое сердце?

Карл стоял, недвижно прислонившись к большой березе. Ему казалось оборвалась его жизнь. Час тому назад он в полноте радости и надежд погрузился мечтами в воображаемый, полный чувств, разговор с Катрин, и вот через миг, как при землетрясении, пред ним вдруг разверзлась на месте цветущего сада бездонная пропасть. Страшные речи возлюбленной, которые он только что услыхал, обличая холод ее сердца и раннюю развращенность, убили его любовь. Карл плакал и не замечал, что плачет. Он пришел в себя, когда вблизи пробили башенные часы, и привычка к ответственности за работу заставила вспомнить, что нельзя терять времени.

Глава третья

Карл Росси, слегка запыхавшийся от быстрой ходьбы, но подтянутый, точный, каким всегда был в работе, появился на парадном плацу у костров, сложенных в клетку, из чистых, стройных березок. Белоснежные, с черными отметинами, они издали казались мантией из горностая.

Рабочие подкатили целые тачки великолепных цветов: во множестве были здесь розы орхидеи и стойкие декоративные циннии...

— А я уже боялся, что мы запоздали, — сказал Митя, — увлеклись с садовником. Вот принимайте, Карл Иваныч, тут все оранжерейные богатства на выбор для вашего мадригала. Затем... Но что с вами? Не случилось ли чего? с беспокойством глянул Митя на вдруг побледневшего, как от сильной внезапной боли, Карла.

— Нездоровится что-то, — отрывисто сказал Рос-си. — Сейчас не до разговоров, Митя, как бы нам не опоздать.

И Росси стал распоряжаться окончательным украшением костров. Когда окончили, Митя отбежал, чтобы прочесть по цветам обещанный Катрин мадригал, но, хотя он отлично проштудировал "язык цветов", — ничего не получилось.

— Как же у вас тут построен стишок, Карл Иванович, — постичь не могу... Либо эти лилии не у моста, либо шарлаховый тон тех бутонов... Уж нет ли ошибки?

— Читать здесь совершенно нечего, Митя, — спокойно ответил Росси, мадригала нет и не будет.

И, поймав безмолвный вопрос в глазах друга, предупреждая его нескромное любопытство, поспешно добавил:

— Я навсегда желаю забыть имя той, кому были предназначены стихи.

Митя слушал и укоризненно молчал. Росси, вспыхнув, поспешно добавил:

— Поверь, Митя, основание есть... Не спрашивай, не поминай мне ее...

Карл вдруг смешался. Он вспомнил, какой ценой Маша-Сильфида, невеста Мити, получила наконец сольную партию. Неужто сказать ему?.. Нет, он не мог нанести другу сердечную рану, так схожую с той, которую только что в аллее старых лип нанесла ему Катрин. Не глядя на Митю, он смог только вымолвить:

— Твоя Маша, сказал отчим, сегодня танцует с моей матерью в здешнем театре. Кажется, роль Амура...

— Извещен уже ею... — блаженно улыбаясь, сказал Митя. — Умудрилась цидульку мне прислать: назначила свидание после танцев, у Аполлона... И просьба моя к вам, Карл Иваныч: придите туда же, когда зажгут фейерверки. Нам оттуда все будет видно превосходно, а я хочу в вашем присутствии взять торжественное обещание с Маши, что она будет меня ждать непоколебимо среди всех соблазнов. Чай, теперь их у нее прибавится... Не подумайте плохого о Маше, Карл Иваныч, я по-прежнему в ней уверен. Но именно ваше присутствие как свидетеля — это новый шаг, закрепляющий пока духовные наши узы. Мы оба вас ценим безмерно, вы мне — как старший брат.

Росси глянул в добрые восторженные глаза Мити, крепко пожал руку и горько подумал: еще немного часов — и конец его радости.

— Да, Митя, я непременно приду к Аполлону.

— Карл Иваныч, я оставшиеся белые розы отдам вечером Маше — ведь можно?

— Конечно, Митя, отдай...

Послышался звук трубы — сигнал для общего сбора на празднество. Росси и Митя быстрым шагом пошли к дворцу.

Эскадрон копной гвардии был уже размещен по пути следования на парадный плац. Кавалеры и командоры, приехавшие из Петербурга, в супервестах прошествовали по два в ряд.

Павел под звуки труб и литавр в большой тронной зале дворца занял вместе с женой места на троне. Великий сенекал Нарышкин, чья должность соответствовала гофмаршальской, поднес Павлу на золотом блюде факел. Пажи вручили факелы всем прочим, и процессия двинулась к кострам.

Росси хорошо видел издали всю церемонию сожжения костров. Процессию открывал церемониймейстер Ордена, тот самый, который его вычеркнул из списка. Сейчас его незначительное, мелкое лицо было важно, и сам он в нарядном облачении как будто стал выше ростом и дороднее.

За ним, по два в ряд, начиная с младших чинов, шли капелланы. Кто-то из толпы людей, стоявших сзади Росси, скрытый уже наступившей темнотой, отчетливо называл чины и достоинства, с особенным удовольствием выговаривая трудные, никому не понятные звания:

— Вот эти расшитые, с лентами — кавалеры Большого Креста, а те конъюнктуальные капелланы... кавалеры по праву российского приорства свои, русские, они от государя направо, а католики с левой стороны.

И заспорили, что почетней: правая рука, десница, старше левой, но зато левая ближе к сердцу.

Вся процессия, торжественная и нарядная, три раза обошла вокруг девяти костров. Росси знал, что для большинства придворных эта церемония была смехотворна, и даже вечный страх перед внезапностью гнева государя сейчас не мог сдержать то тут, то там насмешливых улыбок и перемигивания.

Но большинство пыталось истово исполнять ритуал, как службу, как новый вид фрунтовой повинности. И только один император, в роскошном облачении, в тяжелой короне на полысевшей голове, высоко подняв курносое лицо, с вдохновенной молитвой смотрел в небо. Он веровал в спасительную силу обряда мальтийских рыцарей.

Когда император остановился, великий сенекал взял из рук его факел, зажег его и вручил ему обратно. Камергеры подошли к членам совета, и когда огни вспыхнули у всех, Павел возжег первый костер.

Мария Федоровна, княжны, придворные девицы и дамы смотрели на торжество из роскошной палатки черных, белых и красных полос.

Вечер был прелестной нежности, без ветерка, и с веселым треском горели костры. Купы дерев, искусно расположенных Камероном, живописно освещались живыми языками пламени. Вдруг взвились разноцветные ракеты и, добежав до середины потемневшего, но еще прозрачного неба, как бы завидя оттуда покинутую отчизну, стремглав упали в веселые воды Славянки. Император, отстояв, сколько полагалось по ритуалу перед пламеневшими кострами, пошел садиться в золотую карету. Сквозь стекла ее, в которых дрожали багровые отсветы, Росси видел все то же лицо, застывшее в экстазе, и золотую корону в бриллиантах.

Росси в раздумье тихо шел по тропинке к храму Аполлона и невольно остановился, когда ему путь пересекла Катрин. Она была одна и, видимо его давно заприметив, с намерением здесь поджидала.

— Ваши цветы на гирляндах ни по какой азбуке мне ничего не сказали. Отчего же вы не держите обещания? — сказала Катрин кокетливо, но с заметной досадой.

Карл ответил ей холодным, отстраняющим голосом, сам себе дивясь, куда вдруг ушло недавнее чувство:

— По вашей вине у меня пропала охота сказать вам что-либо не только на языке цветов, а простыми словами...

— Какая немилость, — насмешливо сморщила губы Катрин. — Что же, в вашем сердце другая?

— Во всяком случае — единственной в моем сердце больше никогда не будет. Вы меня излечили навсегда. Как у всех, у меня отныне будут многие... но не одна.

— Что за дерзости... чем они вызваны?

— Извольте, скажу — и на этом мы кончим. Несколько часов тому назад я в старой липовой аллее собственными ушами слышал, как вы с вашей подругой торговали моей персоной. Вы с ней условились поочередно играть со мною в любовь, предварительно женив меня на титулованном уроде...

— Так это вы обрушили на нас целый водопад листьев и сору? — Катрин несколько смущенно засмеялась, все еще не веря серьезности Карла. — Месть дикаря. Ваш вкус надо развить... Хотите, я этим займусь?

Карл церемонно поклонился:

— Я предпочитаю руководствоваться вкусом собственным.

— Но, Карл, вы не так меня поняли...

Катрин впервые и очень нежно назвала его по имени, но Росси, поклонившись ей еще раз, не оглядываясь направился к колоннаде Аполлона.

Статуя Аполлона стояла в двойном круге благородных дорических колонн. Мягкое журчание каскада, большие камни, поросшие мохом, — всё вместе, овевая поэзией, переносило в древние века оживленной богами природы.

Карл Росси шел и думал, что как у него, так вот сейчас рушится и первая любовь его друга — Мити. Успел ли он отдать белые розы невесте?

Развалины Аполлонова храма освещены были луной, и не мог Карл не подумать, насколько этот серебряный вкрадчивый свет благородней разноцветных огней только что отгоревшего фейерверка.

Чуть голубели, светились фосфорным светом колонны старого дорического ордена, и среди них на высоком цоколе стоял юный бог, совершенство соразмерности и гармонии. От лунного света бронза, из которой Аполлон отлит был Гордеевым, не утратив точности контуров, как бы окуталась легчайшей дымкой и утратила свой вес и плотность. Дополнить чудесную картину могли только звуки какой-нибудь воздушной золотой арфы. И Карл болезненно вздрогнул, услыхав чье-то отчаянное, полное большого горя рыдание...

Митя лежал на скамье, зажав в ладони лицо, и плакал, как ребенок. У ног его на каменных плитах, особенно ярко освещенные луной, белели не поднесенные невесте розы.

Карл приподнял со скамьи и безмолвно обнял друга.

— Все кончено между нами, — сказал Митя. — Она получила свободу из рук князя, меня слишком долго ей ждать... О проклятая наша жизнь!..

— Не кляни ее, Митя, — сказал твердо Росси, — наша жизнь только что начинается... И может быть, хорошо, что начинается с такой горькой личной утраты. Искусство ревниво... отдадимся ему без оглядки. У нас с тобой одна судьба...

Митя горячо прервал Карла:

— Нет, Карл Иванович, у нас не одна... У нас с вами разные судьбы. Вы — великий талант, им вы ответите миру. А я — человек обыкновенный. Я в художники пошел ради невесты, соблазнился скорей ее выкупить. Настоящего призвания у меня нет. Мне суждено другое...

Митя совсем оправился. Теперь он шагал взад и вперед, освещенный луной. От ее света он сам становился серебряным, а попадая в тень, внезапно потухал. Митя остановился перед другом:

— Карл Иванович, пока людей возможно продавать, как скотов, пока можно отнять невесту, потому что нет денег для ее выкупа на волю, я душу мою положу, чтобы с этим бороться. Не знаю как, не знаю где, но я путь найду.

Карл обнял Митю, и долго молча стояли два друга перед цоколем бесстрастного бога гармонии.

Глава четвертая

Двадцать девятого июня, на Петра и Павла, как обычно, была блестящая иллюминация в Павловске — день ангела императора.

Укрытые цветущими кустами придворные певцы и певицы распевали стихи Нелединского-Мелецкого:

Сторона, как мать родная,
О возлюбленно Павловско...

И еще другой стишок, полный детской преданной любви, исторгавший из очей чувствительной Марии Федоровны слезы и умилявший самого государя:

Наш надёжа государь,
Православный белый царь,
Нас скрывает в свою пазушку:
Отирайте, мои детушки,
Вы с очей горячи слезушки,
Подбивайтесь, мои милушки,
Под мои ли теплы крылушки.

Защитительные костры Ивановой ночи всё еще оказывали на Павла свое благодетельное влияние. Непоколебимой пребывала в нем уверенность в особой охране и личной безопасности. Патер Грубер, ежедневно вручая искусно им приготовленный "иезуитский шоколад", проникновенно напоминал, сопровождая слова ласковым внушающим взором, что отныне вокруг гроссмейстера Мальтийского ордена, главы рыцарей всего мира, незримо присутствует небесная стража.

Павел, получив долгожданный покой, отогнал от себя подозрительность. С благожелательным вниманием слушал он доклады своих вельмож — то ли на террасе в саду, то ли в Камероновом изящном павильоне Трех граций.

Однако в начале августа злая судьба словно позаботилась замутить его недолгие светлые дни.

Распустил некто слух, что будет тревога, солдатам она вдруг почудилась, и с примкнутыми штыками они ринулись вверх по горе со стороны трельяжа. Здесь их остановил сам Павел, катавшийся неподалеку верхом. Слегка побледневший, но вполне владея собой, он похвалил за порядок семеновцев и отечески пожурил преображенцев за то, что бежали вразброд.

Мария Федоровна плакала. Ее губы, еще сохранившие свежесть, дрожали, и жалобным, тонким голосом, который в первые годы брака заставлял Павла исполнять немедля желанья супруги, а сейчас раздражал, словно писк комара, Мария Федоровна просила:

— Запретите, мой друг, собираться толпе. Когда эти люди мчатся вперед, как бизоны, я их ужасно страшусь. Сигнал к тревоге исходить должен только от вас. От монарха...

Государь любезно согласился с женой. Благодарил за усердие окружившие дворец столь поспешно войска и в причину тревоги углубляться не стал. Но, удалившись в свою опочивальню, внезапно охвачен был приступом оставившей было его подозрительности.

Можно ли было верить Марии Федоровне, жене, которая могла в свое время скрыть от него, супруга, что Екатерина принуждала ее дать свое согласие на лишение его насильственно престола?

После смерти матери сам он нашел этот документ. Когда Мария Федоровна после родов младшего сына, Николая, еще оставалась одна в Царском Селе, матушка потребовала у нее подписи на заготовленном акте его предполагаемого отречения. Правда, самой подписи жены не стояло, — было только обозначенное, заготовленное для нее место, — и Мария Федоровна уверяла, что Екатерина сильно разгневалась по поводу ее отказа, а она сама все это дело скрыла от него, Павла, из великой к нему любви, оберегая его чувства к матери.

Отказалась... Павел горько усмехнулся. Свои расчеты у нее: участвовать в лишении престола отца ради сына не захотела, но, при ее тщеславии, о престоле для себя самой мечтает. Пример не за горами — ведь тридцать четыре года царствовала незаконно, после смерти Петра Третьего, его матушка. Россия слишком привыкла к правлению женщин... И Павел не выполнил просьбы Марии Федоровны, не запретил сбираться по неизвестно кем данной тревоге, указал только место для сбора.

Загадочное происшествие вскоре опять повторилось; царская семья, вся бывшая на прогулке, поражена была криками, суматохой, вразброд устремившимися к захмку гусарами и казаками. Павел кинулся к назначенному пункту, произвел дознание — оказались сущие пустяки: рожок почтаря ошибочно приняли за сигнал, барабанщики ударили в барабаны, полки двинулись.

Но окружавшие его солдаты с неподдельным простодушием такое выразили о нем беспокойство, что Павел до слез был растроган. Вот солдатам он верил, а жене, едва глянул в ее глаза, изображавшие верность до гроба, — не поверил. И как делал раньше, не желая слушать придуманных ею домыслов, убежал скорее в глубь парка.

Нет, сколь ни борется он с собой, нет больше здоровья душе! Видать, неизлечимым осталось то глубочайшее потрясение, которому был подвергнут родной матерью почти в день смерти его первой, так беззаветно, так молодо любимой жены Натальи Алексеевны.

Видать, навеки разбил его сердце и помрачил разум тот страшный миг, когда матушка сочла нужным сообщить ему с неотвратимыми доказательствами об измене ближайших ему людей — любимой жены и друга ближайшего Андрея Разумовского...

Быть может, той внезапностью потрясения она хотела свести с ума нелюбимого сына, вечного наследника, как звала его, рассердись, Мария Федоровна, и уже на основании законном объявить его лишенным престола...

Вот она — незаживающая рана. Порой сдается, что затянулась, что всё в прошлом, всё позади. Но вот малейший повод — и всё горше прежнего. Ведь если Мария Федоровна еще так недавно, хоть сгоряча, но могла ему сказать: "пожилой вечный наследник", — сколько чувствует она как женщина к нему в своем сердце презрения! И поставить себя на его место, захватить трон, как сделала его мать с его отцом, — ужели не приходит ей в голову?

Если первая, любимейшая жена, первейший друг могла так предать, а родная мать — нанести смертельный сердцу удар, что ждать от этой весьма тщеславной спутницы жизни?

А ведь основой чувства его было с юности — великодушие, щедрость, любовь. Да еще недавно... разве не эти качества толкнули его обласкать своего врага лютого — Платона Зубова? Тронулся рыданием его над телом покойной царицы, поднял его, с неистовым чувством при всех вскрикнул:

"Кто старое помянет — тому глаз вон!"

Дворец подарил Зубову. Из кабинета двора приказал заплатить тайному советнику Мятлеву за тот дом сто тысяч. За обедом здравицу врагу лютому возгласил;

"Сколько капель в сем бокале, столько лет тебе здравствовать!"

— Ни в чем меры не знаю... — горько прошептал Павел и погромче сказал:

— Нет, не прошла обида на Зубова. Внутрь загнал ее, а она вдвое лютей.

Вот они, старые охотничьи домики. Сюда спасался в тот страшный день, когда Зубов за обедом у матушки оскорбил, а она не вступилась.

Забавно рассказал что-то за обедом Зубов, и Павел, позабыв свои злые с ним счеты, весело засмеялся, а тот, приняв несносный свой чопорный вид, дерзко вымолвил: "Сморозил я глупость, что наследник изволит веселиться?" Не оборвала мать фаворита, напротив, своим молчанием подтвердила мнение, что сын — дурачок и до сознания его доходить могут одни глупости.

Воскрешенная памятью обида — что снежный ком: двинулся невелик, а докатился до подножия горы — сам горой стал.

Плетей достоин тот Зубов, а он, император, Дон-Кихот наших дней, дворец ему жалует, придворную ливрею, чтобы покрепче запомнили: через матушкину спальню Зубовы с ним породнились, одного корня стали.

И вот не удержался, гневный приказ вырвался сам собой: генерал-фельдцехмейстера графа Платона Зубова — вон из службы. Вон из России, за границу, в свои литовские именья пусть убирается.

Черт его веревочкой с этим фаворитом матушкиным связал. Несет проклятье его судьбе этот человек. Вот и сейчас кабы новой беды не накликал.

Самый выезд Зубова за границу вплел зловещее звено. На его путь императорский бросил черную предостерегающую тень: вызвал бешеный гнев на барона фон дер Палена. Роковой этот гнев, ибо он вызван в самый день закладки Михайловского замка, последней твердыни, оплота от предателей.

Через Ригу должен был въехать польский король Станислав-Август, ему готовилось торжество, встречи, парадный обед. Но король, чего-то замешкался, вместо него объявился в Риге Зубов. И вот ему как русскому важному генералу рижские бюргеры воздали королевскую честь, — не пропадать же закупленным на парадный обед яствам и винам.

Павлу обо всем последовал донос, а от него немедля приказ: выключить со службы барона фон дер Палена.

Но по тайному учению масонскому, ему известному, если при закладке нового здания омрачен дух закладчика гневом, нет и не будет делу успеха. Ничто, предпринятое в гневе, на пользу не пойдет. Еще хорошо, что не кто иной — свой, верный человек под его гнев подвернулся.

Фон дер Пален сейчас — граф и военный губернатор города и человек ближайший, доверенный. Этот не предаст.

Сейчас Мария Федоровна на очереди, она всех больше мучает. Но когда же, собственно, с ней началось?

Оглянувшись, увидал вблизи скамью Оленьего мостика: вот на этом месте еще в прошлом году впервые сам себя испугался, потому что назвал свою болезнь. Имя ей — безумие. До тех пор носил в себе, и не называл, и не ведал, что это болезнь.

Павел не сопротивлялся воспоминаниям, и они влекли его неумолимой своей постепенностью...

Прошлой осенью были большие маневры в Гатчине — любимые угрюмые места, верные гатчинцы. Все вышло удачно, всем остался доволен. Отдохнул душой и приехал обратно веселый к своей семье в Павловск. Радовался всех увидать, и даже наследника Александра.

Первенец, любящий сын, кто смеет на него клеветать?

И почему ему не быть любящим сыном? Разве претерпел он от отца то, что самому Павлу пришлось претерпеть от матери, великой императрицы? Нелюбовь ее, оскорбительную скупость, в то время как на очередного фаворита миллионы бросала? Кто был он при матери? Незаконно лишаемый трона, преследуемый призраком убитого отца. Прочь, прочь недоверие к Александру!

После успешных гатчинских маневров поехал в Павловск. Было отменно приятно, спокойно на душе, но вдруг странно поразило, что никто из, домашних при въезде его не встречает. Однако не рассердился, а, озабоченный, любопытствовал узнать, не случилось ли чего, здоровы ли все.

А произошло то, что супруга Мария Федоровна, в своей немецкой сентиментальности припомнив, как любили у нее в родном Этюпе всякие нежные сюрпризы, придумала устроить ему встречу в костюмах и гримах. Некий, словом, затейливый домашний машкерад.

Когда, уже не на шутку встревоженный, он далеко впереди свиты почти побежал ко дворцу, вблизи Крика раздалось пенье, чудеснейший хор. И тотчас некий авантажный мужчина, вроде хозяина дома, стал, низко кланяясь, приглашать почтить его посещением.

— Верно, Нарышкина затеи... посмотрим, чего начудил, — сказал свите император, развеселясь и входя сам в игру.

Тут окружен был он хористами и завлечен ими в хорошенький сельский домик под пение:

Где же лучше, как не в недрах собственной семьи...

И на пороге дома кто-то в сладостных слезах радостной встречи пал ему в объятия.

Батюшки, супруга Мария Федоровна. Отяжелела, сударыня, однако ловко ее подхватил и любезно оглянулся, слушая концерт нарядных маркиз и маркизов. И вдруг всех узнал: скрипач — Александр, певица — его супруга Елизавета Алексеевна, а дочери — кто за арфой, кто за органом.

— Ловко средь бела дня сумели меня одурачить, — то ли в похвалу, то ли с осуждением вымолвил.

Сразу и не разобрал, кто кем наряжен. Обошли, слов нет, обошли. А в шуточном сумели, сумеют и в главном. В том, чего тайно хотят и сын и жена. Престола хотят...

Схватило удушье, предвестник великого гнева. Того, с которым не справиться. Поражая всех, вдруг вырвался из объятий, выбежал, хриплым голосом крикнул: "Не сметь за мной!" Сам себя испугался. Убежал, чтобы не отдать приказа Кутайсову: "В крепость тех двух — мать и сына. В Шлиссельбург!"

Вот тут, на этой самой скамье, опомнился. И то, что медлил понять и назвать — свою несказанную муку, назвал: безумие.

Сейчас тихие над ним мерцали звезды. Всюду в парке был великий покой. Только речка журчала.

Нет, ни патер Грубер, ни костры Мальтийского ордена — ничто ему не в силах помочь. И без конца терпеть безумие на троне кто станет?

Недаром, когда рыли фундамент для возведения Михайловского замка, нашли монету чеканки считанных дней злополучного императора Иоанна Антоновича — плохое предзнаменование. Ужели бывают предначертанные, роковые судьбы? Но помирать, как одураченный, усыпленный всякими там машкерадами, слуга покорный! Лучше сам я всех обдурю. Буду защищаться — я император, помазанник. Архистратиг Михаил — мой страж.

Павел поспешно вернулся во дворец, призвал архитектора Бренну и, не слушая больше никаких возражений о сырости, вредной здоровью, гневно приказал без проволочек заканчивать Михайловский замок.

Глава пятая

Бренна дал Карлу Росси доверенность на вывоз всех чертежей, планов и рисунков заканчиваемой постройки Михайловского замка. Их надлежало передать на выставку в Академию художеств.

Душевное состояние Карла было отчаянное. Им владело одно желание хоть на короткий срок бежать от этих мест, где его первое восхищение женщиной, первая юношеская любовь были так грубо поруганы.

И казалось ему, это навеки лишило его надежд на счастье. И не отпускало ощущение, что рухнула защищавшая от пропасти цветущая ограда, и вот — под ногами бездна. Такое безудержное горе его охватывало порой, что кружилась голова и дело валилось из рук.

Присутствие Мити сейчас ему было желаннее всего. Оба без слов понимали друг друга. Митя окаменел в своем отчаянии, и Карл, чувствуя себя старшим, находил для него слова бодрости, которые вдруг стали помогать и ему самому. Он стал опять верить, что искусство выведет его из охватившей тьмы душевной...

Выйдя на Охте из экипажа, Карл и Митя сели в ялик и поплыли к Фонтанке, к Михайловскому замку. Яличник налег на весла, Митя взял другую пару. Карл сел за руль, ялик полетел, как чайка.

Высоко над горестями людей, прекрасные в своем бессмертии, стояли творения гениальных зодчих, и Росси невольно подумал, что, быть может, нужны человеку великие личные утраты как исходная точка для создания чего-нибудь большего, чем он сам. Митя снял шапку, и стриженные под скобку волосы, уже выгоревшие на солнце, как густой парик обрамляли загоревшее безбровое грустное лицо.

— Игла адмиралтейская, — слабо улыбнувшись, указал он веслом, — сколь стремительно пронзает она голубую высь!..

— Она — как сверкающий на солнце обнаженный меч, самим Петром подъятый на защиту города, так бы воспеть ее поэту, — подхватил Росси и с привычным вниманием скользнул по коробовскому Адмиралтейству.

— Живая история города и самого основателя навеки связана с Адмиралтейством; сколько великих побед его вспомнит тут всякий, когда они прославлены будут барельефами, — и захват северных морей, и шведы... развитие торговли и промышленности.

Карл широко указал рукой на оба берега Невы:

— Чудеса наших зодчих. Да, если сам хочешь стать мастером, надо принять в себя, выносить в себе, как мать — ребенка, тоже не меньшее, чем они. Найти новое, подымающее этот чудесный город, пойти еще дальше в соразмерности частей, в гармонии — ведь здание строится навсегда и для всех людей. Непогрешима, как математика, должна быть работа зодчего.

— Куда же дальше этого? — указал Митя на Мраморный дворец Ринальди.

— Ну могу тебе сказать, Митя, сам еще не знаю. Только повторять никого не стану, я найду свое слово в зодчестве, как ты давеча сказал мне, что найдешь в жизни свой путь.

— И послужу им родному городу, — тряхнув кудрями, повеселев, сказал Митя. — Как в сказке, по щучьему веленью воздвиг его здесь великий Петр. Что людей на работе легло! Дядя Хайлов сказывал, дед наш тут в основание тоже залег. На родных мне костях город наш... Дядя Хайлов монумент Петров с опасностью для собственной жизни, как вам известно, спас, ну, а мне уж не украшать город придется, а исправлять в нем великое зло бесправия.

И снова, как раньше, смелый, сильный, вдруг загоревшись румянцем, Митя спросил:

— Про Павла Аргунова ничего не слыхали, Карл Иваныч? Ведь он сюда приехал из Останкина.

— Очень хочу его повидать, — обрадовался Карл. — Большой талант этот Аргунов, с каким вкусом дворец в Останкине построил, а отделка комнат по его указанию восторг вызвала даже за границей. Недавно польский король Останкино посетил, говорят, сказал, что его дворцы много хуже.

— И у нас прославлен этот Аргунов, а сейчас, знаете, он кто? — Митино лицо дрожало от негодования, он отрывисто и гневно сказал: — Сейчас он поставлен своим барином здесь, в Фонтанном доме, надзирать за тем, чтобы гуляющие в саду не обрывали кустов малины и крыжовника. Да вот лучше сами его расспросите, он у Брызгалова сегодня будет, а нам ведь там ключи получать. Да вы меня не слушаете, все свое думаете...

— Запомни, Митя, — сказал Росси с некоторым волнением, — не одно здание, которое строишь, в центре твоего внимания: все пространство надлежит организовать вокруг. Весь окрестный пейзаж, все, что может глаз охватить. Здание — центр. Все, все связано с этим центром. Если весь город перестроить в новой, дивной гармонии, — я уверен, и люди, в нем живущие, найдут в душе своей великий покой. Найдут и порядок и силу самим что-либо сотворить. Ведь все, среди чего мы растем и живем, что видит наш глаз, слышит ухо, — нечувствительно образовывает наши чувства, ум и вкус. А творцом, Митя, каждый человек быть обязан. В чем, как, кем — его дело. Но обязан вырасти из себя самого и создать что-либо.

Карл оборвал речь, задумался. Яличник свернул на Фонтанку. Издали предстала громада ярко-красных, под заходящим солнцем как бы раскаленных, камней Михайловского замка.

Митя с озорством воскликнул:

— А все-таки насколько слабее великих зодчих наш с вами учитель, Карл Иванович! Только что государю сумел угодить.

— Ты слишком строго... — прервал Росси. — Можно найти точку, с которой и в постройках Бренны открывается живописная перспектива.

— Вы же сами учили, Карл Иванович, что архитектура удачна, если в ней со всех точек здание хорошо. А уж чего-чего в этом замке не налеплено?

— И все-таки замок — уже необходимая принадлежность города нашего, значит, что-то угадано верно. Правда, трофеев многовато и единой композиции нет.

Винценто Бренна приехал из Варшавы, где занимался росписью плафонов арабесками. Поначалу он работал живописцем в Павловске, выполняя задачи Камерона. Он оказался незаменимым, в украшении придворного быта во вкусе Павла. Рукой мастера сочетал военные трофеи — орлов, венки, колчаны, полные стрел, гирлянды, оружие, хотя рисовальщик был слабый.

Карл помнил свое старшинство и не хотел соединяться с Митей в осуждении учителя. Однако и ему давно наскучила назойливая напыщенность Бренны: бархатные его занавесы, марсиальные уборы, рыцарские доспехи. Но вслух он выразил только последнюю, обобщающую мысль:

— Русское зодчество сейчас словно в раздумье — вернуться ему к своему прошлому или искать новых форм. Но каких?

Яличник причалил вблизи законченного средневекового замка во вкусе императора Павла.

Росси пошел по узкой аллее между зданиями манежа и сразу наткнулся на расклеенные на столбах афиши сегодняшних спектаклей. Во французском театре шло "Дианино дерево" — перевод с итальянского придворного капельмейстера Мартини. В театре Гритри пела красавица Шевалье. Сводная сестра Карла была замужем за ее братом, и от сестры он знал, что одновременно пользовались успехом у красавицы-певицы император и его камердинер Кутайсов. Мать Карла, Гертруда Росси, сегодня не танцевала, и он решил зайти к ней, чтобы вместе ехать в Павловск.

Карл и Митя вошли в портал на восьми дорических колоннах красноватого мрамора. Трое решетчатых ворот между гранитными столбами, вензель Павла в кресте Иоанна Иерусалимского, орлы, венки, гирлянды из вызолоченной бронзы, — на это Бренна мастер, — так и пестрят в глаза. Средние, главные ворота распахиваются только для семьи императора, — вошли слева в аллею из лип и берез, посаженных еще при императрице Анне Иоанновне. Налево экзерциргауз, направо конюшни. Аллея упирается в два павильона, где живут чины двора.

— Что, мы сразу зайдем к Брызгалову, — спросил Митя, указывая на окно комнаты кастеляна Михайловского дворца, — или обежим постройку?

— Обязательно обежим, давно я тут не был, — задумчиво огляделся Росси.

Прошли через ров укрепления на площадь Коннетабля.

Привычным общим взглядом охватил Росси возвышавшийся перед ним правильный квадрат, со всех сторон окруженный рвами в гранитных одеждах. Пять подъемных мостов переброшено было через рвы.

— Не алый, не пурпуровый, а какой-то сказочный, драконовой крови этот цвет. Точно ли говорят, — спросил Митя, — что это наш император навеки закрепил свою рыцарскую любезность по отношению Анны Гагариной? Будто явилась она на бал в такого цвета перчатках, а он тотчас одну из них послал как образец составителю краски для Михайловского замка, для наружных дворцовых стен.

— Похоже на правду, — усмехнулся Росси, — но лучше бы этот цвет остался только на перчатках Гагариной, — там он много уместнее, чем здесь. Однако вообрази, Митя, сейчас я уже полюбил эту багровую груду камней. Полюбовался как-то этим пламенем среди темно-зеленых кущ при закате солнца, полюбовался приглушенными, неожиданно мягкими, теплыми тонами среди серебристого петербургского тумана — и понравилось. И уже неотъемлема от лица нашего города мне вся эта громада.

Росси указал на торчавшие при самом входе в замок два обелиска из серого мрамора. Они вырастали до самой крыши. Но по бокам в маленьких шипах стояли несоразмерно мизерные статуи Аполлона и Дианы. Повыше шел фронтон паросского мрамора работы братьев Стаджи, изображавший Историю в виде Молвы. Еще выше две богини Славы держали герб императора Павла. И опять обилие вензелей, какое-то страстное утверждение своего имени.

— Не по душе мне, Карл Иванович, поверх всего этого железная крыша, выкрашенная притом зеленью, — ворчал Митя.

— Да и ряд плохих статуй с коронами и щитами не украшает, а только тяжелит, — запрокинув голову, отметил Росси. И медленно прочел на порфировых плитах фриза:

"Дому Твоему подобаетъ святыня Господня въ долготу дней".

— Карл Иванович, — совсем уже шепотом сказал Митя, склонившись к его уху, — знаете, что про эту надпись в народе пущено? Богомолка сказывала... будто юродивая со Смоленского кладбища прорекла: сколько букв сей надписи такова долгота лет и императора. А ну-ка посчитайте, сколько букв.

— Ерунда, Митя! — воскликнул Карл.

Однако буквы сосчитали оба, проверили — сорок семь.

— Тоже выдумал — богомолок слушать, — досадливо сказал Росси и, обойдя замок со стороны Летнего сада, остановился перед круглой лестницей из сердобольского гранита, которая вела в обширные сени с мраморным белым полом и дорическими красноватыми, тоже мраморными, колоннами.

На площадке лестницы по обе стороны стояли великолепные статуи Геракла и Флоры, вылитые из бронзы в Академии художеств.

На гранитных консолях две бронзовые вазы, аттик с шестью кариатидами, обширный балкон над колоннадой и барельеф работы Лебо из белого мрамора. Все это было прекрасно, взятое отдельно, но не давало того общего стиля, единого вздоха, который восхищает в архитектурном совершенстве.

И, пытаясь разъяснить Мите, почему получилось столь путаное нагромождение, Росси извиняющим тоном сказал:

— Бренна не вполне виновен. Он уверяет, что так именно расположить статуи и обелиски ему приказал сам император.

От долгого неудобного положения задранной вверх головы Карл вдруг ощутил, как она у него болит, как вообще он разбит, как устал пред людьми и самим собой делать вид, будто ему совсем легко от погибшей любви, от обидного легкомыслия своей матери.

В мозгу настойчиво, как жужжанье злого веретена,

застучали слова: Карло Джакомо Росси... сын итальянки, отец неизвестен. По-русски без отчества нельзя, и ему из второго личного имени Джакомо сделали Иванович. Никакой отец по имени Иван ему неведом.

Глава шестая

Чертежи и планы, которые надлежало отвезти на выставку, в Академию художеств, были сданы на хранение кастеляну Михайловского замка Ивану Семеновичу Брызгалову, человеку примечательному, известному всему городу.

Сын крестьянина Тверской губернии, он поступил в истопники Гатчинского дворца, когда Павел еще был наследником, и привлек его внимание тем, что с неописуемым восторгом, раскрыв рот, следил, как печатали свой шаг гатчинцы. Созвучие родственной души было у него с Аракчеевым, и столь же, как тот, оказался и Брызгалов "без лести предан". Вскорости он был сделан камер-лакеем, а затем и гоф-фурьером. В дни воцарения Павла Брызгалов в своем звании явился в Петербург, где пожалован был уже в обер-фурьеры Михайловского замка.

Как только замок достроился, Брызгалова, как лицо доверенное и проверенное, назначили кастеляном внутренних дворов с обязанностью наблюдать за своевременным поднятием и спуском мостов над каналами, которыми замок был окружен.

Брызгалов женился на дочери одного из придворных служителей Зимнего дворца и немедленно превратил свою жену в боязливую рабыню, неустанно попрекая ее, что цвет красный, присвоенный ливреям Зимнего дворца, где был ее отчий дом, ниже краской, беднее, чем цвет малиновый, который император утвердил за одеянием дворцовой службы Михайловского замка.

Брызгалов, мелкая пылинка, попавшая в орбиту самодержавного солнца, был, как и царственный хозяин его, охвачен болезненной манией величия и, по мере своих возможностей, воплощал ее в свой быт.

Одевался с иголочки по форме, в руках носил саженной вышины трость для представительства. Двое мальчишек, рожденных от жены-молчальницы, обращены были в рабов и слушались мановенья его бровей.

Когда Росси и Митя постучали в дверь, им открыла молодая, но преждевременно увядшая женщина с грудным ребенком на руках. На вопрос, дома ли Иван Семенович, потупясь, ответила:

— Во дворце они, на приеме. Их двое уже ожидают. Присядьте и вы.

Она провела в комнату, которая окнами выходила на площадь Коннетабля, а сама скрылась в детской.

В приемной действительно сидели двое. Один из них — европейского вида, хорошо одетый человек лет тридцати, с умным и тонким лицом художника.

Завидя Росси, он стремительно двинулся ему навстречу.

— Павел Иванович, дорогой, — ответил Росси дружеским объятием, — До чего рад тебя видеть!

— Да я уж два дня как приехал. Справлялся о тебе у твоего отчима, а он в ответ только рукой машет, словно ты какой стал беспутный. Я, грешным делом, подумал, не пустился ли ты зашибать от огорчения какого или по слабости? Да нет, ясен ликом, как некий греческий бог.

— Какие бы огорчения на меня ни сваливались, я никогда не запью, — сказал с твердостью Росси. — Не сдаваться жизни хочу, а ее побеждать.

— Легко тебе гордо чувствовать — ты рожден свободным, — горько усмехнулся Аргунов и указал на сидящего на скамье человека довольно странного вида. — А вот нам с Артамонычем без шкалика хоть в воду!

Сидевший на скамье вскочил и стал весело кланяться. Он был острижен празднично, "под горшок", волосы смочены квасом. Поддевка, хоть из дешевеньких, — новая.

— Вот, рекомендую, — сказал Павел Иванович, — изобретатель. Шутка сказать — самокат выдумал. Из своей Сибири по нашим-то дорогам на нем прикатил.

— Дороги, что говорить, родовспомогательные, — кивнул Артамоныч.

— Полагаю, не везде пехтурой, где и подвозили тебя вдвоем с самокатом? — подмигнул Павел Иванович. И, повернувшись к Росси, отрекомендовал: зовется он — Иван Петров Артамонов.

— А ей-богу, не подвозили, — веселой скороговоркой зачастил Артамонов. — Деньги нужны в мошне, чтобы подвозили, а у меня в кармане — вошь на аркане да блоха на цепи. Сейчас в разобранном виде моя машинка, а как соберу ее, просим милости поглядеть. Авось в грязь не ударим!

— Кому-кому, а тебе надо ладиться уж только на победу: сам знаешь, либо пан, либо пропал — перед государем нельзя тебе сплоховать.

Росси с интересом оглядел изобретателя. Был он сухой, среднего роста, с лицом востреньким, как у лисички. Глаза умные, с быстрым, легким взглядом. Глянут — сразу все высмотрят.

— Это, значит, про вас мне на днях говорил Воронихин? — осведомился Росси. — Не у него ли вы и остановились?

— А как же не у него, когда мы с ним во всем городе только и есть земляки. У них и стоим, у господина Воронихина, пока его величество перед свои очи не потребует.

— Император заинтересован его выдумкой, — пояснил Аргунов, — прослышал от кого-то, приказал выписать. Все сейчас ему предоставлено, чтобы он мог свою машину в совершенном виде представить. В случае успеха посулили дать вольную не только ему всей семье.

— А сорвется дело, — с привычной усмешкой сказал изобретатель, — ежели мы, к примеру, опростоволосимся, — плетьми угостят, не хвались!

Митя взволновался:

— За самокат дадут вольную? И всей семье посулили? Иван Петрович, да неужто?

— Царское слово — закон, — важно сказал самокатчик.

— Такие милости у нас всегда по капризу даются... — Аргунов, видимо волнуясь, подошел к Росси. — Иной талант, за границей прославленный, с отменным образованием, как мой отец и мой дед — знаменитости, да я сам только что королем польским за работу прославлен, — как были рабы, рабами умрем.

— Вы, Павел Иванович, блистательно закончили Останкинский дворец, — деликатно желая перевести разговор в другое русло, сказал Росси. — Я от самого императора слышал: феерия — не дворец. И какие великолепные празднества завершили окончание.

— А кончил я дворец строить, меня граф откомандировал сюда сопровождать обоз мебели. Дни свои проводить стану подручным у Кваренги по перестройке Фонтанного дома. Ну, это еще терпимо: понижение в работе. Но торговаться с вашим отчимом насчет продажи его павловской дачи графу много хуже. Горячий и, простите меня, грубоватый человек ваш отчим, Лепик. Вам, конечно, о продаже дачи известно?

Карл вспыхнул, но тотчас утвердительно кивнул головой. Ему о продаже дачи мать и отчим еще ничего не сказали. "Ну что же, — подумал он, отличный случай окончательно отделиться от родных и начать вполне самостоятельную жизнь. Давно нет родного дома..."

Росси овладел собой и, отстраняя досадные мысли, с искренним восхищением стал хвалить убранство Останкинского дворца.

— Все свидетельствует о совершенстве вашего вкуса, Павел Иванович, о вашем великом таланте декоратора...

— А вот ихний граф, знать, невысоко ценит талант, — неожиданно тонким голосом сказал самокат" чик, — простую баньку им по-черному для людей заказал выстроить, это после расчудесного их дворца! Да это же так, словно б цветистую бабочку запрячь воду возить!

Он захохотал, но тут же застыдился, умолк, из угла стал глядеть волком.

— Должность крепостного архитектора таит в себе большие опасности, мрачно проговорил Аргунов, — и чем он даровитей, тем горше его судьба. Пройдет у барина каприз строить, и он вчерашнего творца, которым восхищалась хотя бы и Европа, повернет, не моргнув, в лакеи, в свинопасы.

Аргунов прошелся по комнате и стал перед Росси.

— Вот бегаю я сейчас, как мальчишка, достаю для дачи образцы обоев, чиню мебель, которую любой столяр лучше меня чинить может. А как подрядчик ремонт затянул, мало считаясь с моими только что признанными заслугами, через канцелярию прислал граф мне лично позорный выговор с наложением смехотворного наказания, заставившего меня вспомнить детство, когда за шалости мать без сладкого оставляла.

— А ну-ну, какое такое наказание? — с веселым любопытством спросил Артамонов.

— Граф приказал снять меня со "скатертного стола", то есть с улучшенного довольствия, и перевести на харчи, общие с прислугой. Самое же обидное, что ничего я не строю с той самой минуты, как зарекомендовался первоклассным строителем.

Аргунов сел на место рядом с Росси и, невесело ухмыляясь, сказал:

— До нелепости сужен сейчас круг моей деятельности. Приставлен я, кроме всего прочего, к наблюдению за гуляющими в Фонтанном саду, дабы они фруктов, вишен, малины не рвали...

— Вот тут и запьешь горе водочкой, — щелкнул изобретатель себя по горлу, доканчивая речь Аргунова.

— Но ведь граф Шереметев не невежда, — возмутился Росси, — он учился в Лейденском университете, в искусстве, несомненно, понимает. Как же так грубо третировать художника?

— Понимание искусства не препятствует собственных крепостных художников считать своей вещью и распоряжаться ими как мебелью. Брат мой, Николай, прославленный своими портретами фельдмаршала Шереметева и прочими, который на правах друга жил с барином за границей, — разве отпущен им на волю? Да о чем говорить, если сам Андрей Никифорович Воронихин вовсе недавно получил вольную.

Все минуту молчали, затем изобретатель убежденно сказал:

— Самокатами надо свободу себе добывать. Позабавишь барина, повеселишь, — он и размякнет. Господ потешать надоть, чтоб от них резону добиться, аль как наши сольвычегодские...

Самокатчик вскинул волосами, плотно сжал губы и страшновато подмигнул.

— А как же сольвычегодские? — насторожился Митя.

Самокатчик быстро оглянулся, пригнулся к Мите и шепнул:

— Митрополита Иакинфа тюкнули... Еще при покойной царице дело вышло. Несуразную барщину налагал монастырь. Терпели мужички, сколько хватило терпения, впоследок времени — тюкнули.

В дверях выглянуло испуганное лицо жены Брызгалова, и, словно на пожар, она крикнула;

— Паша, Саша, тятеньку встречать!

К изумлению присутствовавших, из-под ног, как собачонки, выкатились мальчишки-погодки. Они под скамейками играли в карты. У обоих были громадные головы в кудрях, круто завитых наподобие парика, желтые канифасовые панталончики, заправленные в желтые сапожки с кисточками на кривых, обручем, ногах. Нацепив на голову один — игрушечную казацкую шапку, другой — кивер, они, как были, в одних пунцовых шпензерах, кинулись на двор.

— Хозяйка, дети ваши простудятся, — крикнул женщине Митя.

— Они привычные, — равнодушно отозвалась хозяйка.

Через некоторое время мальчики вновь появились в сопровождении папаши Брызгалова. Паша нес его огромную бамбуковую трость с темляком на золотом шнуре, другой — Саша — нес треуголку с широким галуном.

У Брызгалова было сухое, морщинистое буро-красное лицо, с крючковатым, узким как клюв, синеватым носом. Из-под напудренных широких бровей блестели черные быстрые глаза, костлявый подбородок начисто выбрит. Он походил на какую-то беспокойную нарядную птицу. Брызгалов важно поклонился и сел в кресло, а сыновья стали по сторонам. Отец отпустил сыновей мановением руки и осведомился у Росси, зачем пожаловал. Услышав, что за чертежами, встал, прошествовал в комнату. Долго там возился, так что мальчишки, шмыгнувшие опять под скамейку, успели, к забаве всех присутствующих, подраться, помириться и снова начать игру.

Брызгалов, переодетый в домашнее платье попроще, вынес чертежи и подал их Карлу.

— Все в сохранности, как было мне препоручено господином Бренной. Почтенный он зодчий по возрасту, и не к лицу б ему спешка. По пословице: поспешишь — людей насмешишь. А то и похуже, как у него с надписью над главным входом вышло. Читали вы?

— А что особенного в этой надписи?.. — уклончиво ответил Росси, желая послушать, что скажет сам Брызгалов.

— А то, что юродивая со Смоленского не сдуру о ней изрекла, вот что.

— И по-моему, в надписи ничего необыкновенного нет, — нарочно подзадоривал Брызгалова Митя.

— В обыкновенном исчислении букв — вся необыкновенность, — тоном открывающего великую тайну, понизив голос, сказал Брызгалов. — Ваш учитель приобвык за эти годы тащить на стройку замка что ни попало. Ухватил, не разобрав, изречение, заготовленное для собора святого Исаакия, и водрузил в замке над главным входом. Число букв надписи — сорок семь, столько же и годков нашему государю. Вернее — сёмый еще не ударил. Идет сёмый... в феврале ему стукнет.

Брызгалов обернулся на одни двери, на другие и, сильно труся, но и горя желанием поразить воображение слушателей, произнес значительно:

— Хорошо, коль благополучно сойдет ему этот годик. Плохие предзнаменования насчет этого дворца прорекла юродивая!

— Иван Семенович, уважаемый, поведайте нам... кто же мудрее вас в таких тонких делах разберется? — подольстился Аргунов.

— Только, чур, язык держать за зубами! — погрозил пальцем польщенный лестью Брызгалов и торжественно продолжал:

— Из предзнаменований перво-наперво виденье солдатово. Известно, что стоявшему на карауле в Летнем дворце явился в сиянии некий юноша и сказал: "Иди к императору, передай мою волю, дабы на сем месте заместо старого Летнего дворца храм был воздвигнут во имя архистратига Михаила". Донес солдат по начальству, довели до императора. Он солдата расспросил и сказал: "Мне уже самому известна воля архистратига, она будет исполнена". А кто есть оный архистратиг? — обвел всех строгим вопрошающим оком Брызгалов и сам себе важно ответил:

— Сей архистратиг изгнал из рая первых грехо-павших людей, и самого дьявола поразил он мечом. Ему положено являться с той поры в местах, где готовится особливо злое дело... Ох, недаром великий предок, царь Петр Алексеевич, о своем правнуке тревожится. Всем известно виденье, которое было императору. Князь Куракин свидетелем. За границей сам государь про это рассказал — публично. Не раз, дважды сказал великий царь: "Бедный, бедный Павел!"

— А и впрямь — бедный, — сказал вдруг пришедший в волнение самокатчик. — Не ведает, что творит, сам себе яму роет — врагов с друзьями путает. Аракчееву, слыхать, потакает, когда он над покойной матушкой царицей насмешки строит... Шутка ль, победные знамена екатерининского славного полка назвал во всеуслышание царицыны юбки? В Херсоне-городе сокрушен памятник Потемкину. В Новороссийскую губернию пришло, говорят, секретное предписание — до нашей Сибири молва донесла — тело светлейшего князя из склепа вынуть и псам кинуть...

— Уж это едва ли правда, — сказал Аргунов, — а что царствование он начал с великого кощунства над прахом матери и отца — это уж всенародно было...

— Даром не пройдет, говорят в народе, что вырыл прах отца, короновал и силком с матерью соединил, — подтвердил самокатчик.

— Расскажите, как вышло дело, Иван Семенович, — попросил Аргунов, меня в городе не было, а из очевидцев кто ж лучше вашего изобразит?

— Для потомства запомнят молодые.

— Очень просим, — вежливо поклонился Росси. Брызгалов не стал ждать, чтобы его упрашивали.

Он любил рассказывать, когда хорошо слушали. Превыше всего почитал ритуал, фрунт, правило — за что взыскан Павлом, а к странному поступку императора у него было совершенно особое уважение. И в то время как все Павла осуждали за то, что он, вырыв прах Петра Третьего, облек его мантией, водрузил на голый череп корону и, в издевку над родной матерью, похоронил его заново с нею рядом, — Брызгалова поступок этот восхищал необычайно.

— Уж ежели рассказывать, так все по порядку, — сказал он,

— и чтобы не было мне от вас никакой перебивки. Мать! — крикнул он по направлению комнаты, где находилась жена с маленьким, и стукнул своей длинной палкой в дверь. — Убери сейчас ребят!

— Пашенька, Сашенька, — молила женщина, но отроки забились глубоко и не обнаруживали признаков жизни.

Брызгалов пошарил своей тростью под скамьей, должно быть задел хорошо мальчиков, потому что оба, взвизгнув истошными голосами, тотчас прожелтели нанковыми панталонами и на четвереньках убрались к матери.

Засунув в нос понюшку табаку и основательно прочихавшись, Брызгалов начал:

— Всем вам известно, что императору Петру Третьему смертный час приключился в Ропше, как свыше объявлено было, "по причине геморроидальных колик". В народе же сильно болтали, будто Алексей Орлов ему саморучно жизнь прекратил и прочее тому подобное. Словом, тело его привезли в Лавру в бедном гробу, четыре свечи возложены были по сторонам гроба. На императоре всего облачения — поношенный голштинский мундирчик. Ручки в белых перчатках больших, на которых, многие тогда приметили, тут и там кровь запеклась следы, сказывают, неаккуратного вскрытия тела. Предан земле был без пышности, с одной лишь малой церковной обрядностью. Матушка-императрица не почтила своим присутствием погребения супруга. Да-с, как некоего разжалованного, лишенного короны и державы российской, хоронили горемычного Петра Федоровича...

— И сколь похвальна сыновняя справедливая ревность об отце императора Павла! Ревность к восстановлению, хотя бы посмертному, прав отчих.

— Тридцать карет, обитых черным сукном, запряженных цугом, каждая в шесть лошадей, выступали чинно одна за другой. Лошади с головы по самый хвост в черном сукне, при каждой свой лакей с факелом, опять-таки в черной епанче с длинным воротником, в шляпе с широченными полями, с крепом. И лакеи, с обеих сторон кареты, в таком же наряде, и кучера...

— И в сих черных каретах сидели черные кавалеры двора и на бархатных черных подушках держали на своих коленях регалии.

— Семь часов вечера в этом месяце — это мрак ночной. И смертный страх обуял, когда двинулась эта могильная чернота из Зимнего дворца в Невскую лавру за два дня до вырытия из могилы Петра Третьего.

— Не забыть этой страшной картины. Багрово горящие дымные факелы, зеленоватые от их света перепуганные люди.

— Наконец тело императора Петра Третьего вырыто из могилы и купно с его старым гробом положено в богато обитый золотым глазетом новый гроб. И выставлено посреди церкви.

Брызгалов задумался, как бы заново созерцая все, о чем вспоминал...

— А дальше, Семеныч, — вымолвил просительно Аргунов, — ужели сегодня не докончите?

— А дальше, согласно церемониалу, вот что последовало: в пять часов дня император прибыл в храм в сопровождении великих князей, придворных, жены. Вошел в царские врата. С престола взял приготовленную корону и возложил на себя. Подошел затем к останкам родителя, снял корону с себя и возложил на него. Пусть осуждают, кто посмеет, я же полагаю, сим поступком сын восстановил упущенное пред отцом. Из останков же уцелели следующие предметы, — обстоятельно перебрал их Брызгалов, — кости, шляпа, перчатки, ботфорты.

— Какой ужас! — поеживаясь, заговорил Аргунов. — Коронованный скелет с его оскалом зубов, пустотой глазниц, в перчатках и ботфортах. Какой сюжет для картины!

Брызгалов, увлеченный последовательностью воспоминаний, не отвечая, продолжал:

— В карауле по обеим сторонам гроба стояли шесть кавалеров в парадном уборе. В головах два капитана гвардии, в ногах четыре пажа. И пребывало тело Петра Третьего в этой роскоши с девятнадцатого ноября по второе декабря. Дежурили непрерывно особы первых четырех классов. Все это было сделано в посрамление первоначальному нищему и безлюдному погребению.

— Император Павел самолично был пять раз на панихиде. Всякий раз, открывая гроб, он прикладывался к руке покойного. Особо же торжественный церемониал был при перенесении праха.

Брызгалов встал и широко отставил руку с бамбуковой тростью:

— Все полки, все как есть полки армии и гвардии, которые находились в столице! — сказал торжественно, с такой важностью, как будто сейчас ему предстояло этими полками командовать. — Войска стояли шпалерами от лавры до дворца. Произведен был троекратный беглый огонь. Пушечная пальба, колокольный звон по всем как есть церквам. Алексею Орлову, убийце, повелено свыше нести в собственных руках императорскую корону. Тут прилично случаю вспомнить... —

Брызгалов таинственно понизил голос: — Ведь именно он, сей Орлов, и лишил Петра Третьего этой короны. Ищут его везде, дабы принял свою искупительную пытку, — нигде не находится. Исчез, растаял, словно сквозь землю от позора и стыда провалился. Вообразите, обнаружила его убогая старушка нищая. Коленопреклоненный и рыдающий, укрылся он в темном углу за колоннами церкви. Вывели, принудили принять в руки корону. Плакал, шатался, а шел. Принял казнь.

— Мороз был страшенный, один рыцарь печальный в латах, в кольчуге и забрале насмерть замерз. Но гроб Петра Третьего отвезли в Зимний дворец и поставили рядом с гробом Екатерины. Наконец оба гроба проплыли по нарочито наведенному мосту — от Мраморного дворца прямо в крепость.

— Да, уважительный государь и не гордый! Давеча ко мне с каким делом прибег. Очень мучается он, что графа Палена в самый день закладки замка изругал, ногами на него топал, мучается, что в гневе закладку сделал. Хоть сейчас и возвеличен им Пален, но как государь во всякие приметы верит, то опасается, кабы вред от того гнева его не произошел ему в новом замке. Вот намедни призвал он меня и говорит: "К обедне сходи, Брызгалов, да вынь за него, за фон дер Палена, за раба божия Петра, просфорку, чтобы мне от него какой беды не вышло". — "Помолиться, говорю, завсегда рад, ваше величество, а только просфору вынимать неподобающе, как граф фон дер Пален, говорю, вроде нехристь — лютеран он, и нашей просфоры евонная душа не признает". Расхохотался, однако милостиво сказал: "Ну как хочешь, дурак".

— А разве я неправильно разъяснил? Нехристь — может, слово излишнее, а все же, если он лютеран, значит, не по нашему приказу числится на небе.

— Затейник наш царь-батюшка, слов нет, затейник, — то ли одобрительно, то ли с укором сказал самокатчик, когда Брызгалов по знаку выглянувшей в двери жены для чего-то ушел в соседнюю комнату. — Над покойником покуражиться легко, когда помер, а вот, слыхал я, в городе говорят, рабочих-строителей замка отблагодарить знатно приказано — всех сюда вселить, и с семьями. Пущай своими боками сырость обсушат!

— Медики всячески удерживают императора от переезда в Михайловский замок и вселения туда кого бы то ни было — сырость его смертоносна, — сказал Росси.

Брызгалов, входя, услышал эти слова и рассудительно добавил, обводя всех совиным взором из-под напудренных широких бровей.

— И я государю императору осмелился доложить, что

рабочих потому вселять нежелательно, что у них произойти могут от лютой здешней сырости повальные болезни, почему заместо осушения стен дыхание их расточать будет одну лишь заразу. Но его величество уперлись в своей мысли о скорейшем въезде: хочу, сказали, помереть на том месте, где родился. И точно, когда стоял здесь Летний императрицын дворец, там и народились они двадцатого сентября тысяча семьсот пятьдесят четвертого году.

— И что же торопятся сорок сёмый именно тут проводить, ежели юродивая остереженье дала?.. — подмигивая Брызгалову, сказал самокатчик. — Довести надо до государя слова юродивой.

— Вот ты и доведи, когда с твоим самокатом пойдешь, — буркнул Брызгалов, — все одно тебе путь — обратно в Сибирь. А мне, браток, туда ехать неохота...

Все засмеялись. Росси сказал Мите, чтобы тот, забрав чертежи, ждал его в Академии внизу, у Ватиканского торса, он же на минутку зайдет по дороге к матери.

— Поговорить мне с тобой желательно, Иван Петрович, — сказал Митя, выходя с самокатчиком от Брызгалова, — зайти удобно ль к тебе?

— А ты заходи, не сумлевайся, чайку выпьем. Андрей Никифорович, хоть и большой барин, а с земляком свой, не чванливый.

Глава седьмая

Росси пошел к матери, чтобы узнать подробности про Лепикову дачу и объявить о своем намерении жить совершенно отдельно. Как обычно, едва он вошел в затемненную тяжелыми драпировками прихожую, его охватил слегка удушливый, пропитавший, казалось, самые стены, запах французских духов, неразлучных с его матерью.

— Мадамы нет дома, но у них в гостиной господин Воронихин рисуют госпожу Сильфидину, — глупо превращая в фамилию прозвание Маши, сказала краснощекая, так называемая непарадная, горничная матери.

— Где матушка?

— Уехали в Павловск — дачу продавать.

Росси передернуло: и девка, черная горничная, знала про дачу, а он, родной сын, даже уведомлен не был. Пожалуй, и вещи его — рисунки, чертежи, картоны — засунут куда ни попало, а то и в печке спалят, — надо самому озаботиться об их сохранности. Мать, как и отчим, кроме танца, иных искусств ценными не почитала. С досадой Росси шагнул в гостиную, но, увидя Воронихина, которого очень почитал, любезно ему поклонился.

— А, Шарло, приветствую тебя, очень рад видеть!

Воронихин положил на стол палитру с кистями и, повернувшись к позировавшей ему женщине, сказал:

— На сегодня, Машенька, довольно. Спасибо тебе — танцуешь, как Сильфида, а сидишь, как мраморная богиня.

Маша привстала, спокойно поклонилась Росси и пересела в глубокое кресло. Взяв книжку со стола, она, казалось, погрузилась в чтение.

Росси внутренне рассердился: Маша отлично знала о дружбе его с Митей, и естественно было бы ей смутиться, вспыхнуть, смешаться при встрече с человеком, которому, наверное, уже известно ее гнусное коварство. И, не удостаивая Машу вниманием, Росси отошел с Воронихиным к окну.

Архитектор был, как обычно, одет щегольски, с красиво причесанной головой и белоснежным батистовым жабо, от которого холеное его лицо казалось еще значительнее. Но вместо свойственной ему тонкой иронической усмешки и несколько скованной сдержанности все существо его выражало какое-то нежданно радостное удовлетворение.

— Счастлив увидать вас в столь добром здоровье, Андрей

Никифорович, вы словно именинник сегодня, — восхитился им Росси. — Счастлив за вас, если у вас радость.

— Именинник и есть, — засмеялся Воронихин. — Веря твоим искренним ко мне чувствам, Шарло, — Воронихин посмотрел ему в глаза своим внимательным, твердым взглядом, — тебе одному из первых рад я сказать, что мне фортуна весьма улыбнулась. Сегодня граф Строганов приказал мне готовиться к конкурсу на составление проекта большого Казанского собора.

— Как! Разве эта постройка уже не поручена императором Камерону?

— Камеронов проект, как и следовало ожидать, императору не понравился. На минуту удалось ему заглушить в себе нелюбовь к великому зодчему екатерининского времени, но вот новая внезапная вспышка гнева против всех любимцев его матери — и проект уже не принят, осужден. Требуется нечто весьма грандиозное, не совсем в духе гения Камеронова. Дан пока негласный приказ о конкурсе — я включен.

— И выйдете победителем! — восторженно сказал Росси. — От души вам желаю...

— И сам я себе желаю того же, — чарующе улыбнулся Воронихин, словно осуждая нескромность своего пожелания. — Но почему ты, Шарло, не спрашиваешь у меня разрешения взглянуть на портрет Сильфиды?

— Разрешите, Андрей Никифорович? — Росси покраснел, как мальчик, чья злая мысль вдруг обнаружена.

Воронихин вывел на свет мольберт с большим поясным портретом. Несколько суховато, но как-то глубоко, изнутри выразительно подчеркнут данный в теплых вечерних тонах характер Маши. Не в балетном, в простом домашнем платье. Строго, как у молодой монахини, только что принявшей постриг, смотрели ее большие невеселые серые глаза. Очень молодое лицо носило печать душевной зрелости, которая дается только способностью глубоких постижений. Рот пленительной формы, с чуть поднятыми в неразрешенной улыбке губами, выражал характер незаурядной непреклонности.

Замечательное лицо Маши, рассказанное большим искусством Воронихина, вдруг глубоко взволновало и тронуло Карла, между тем как к живой женщине, оригиналу портрета, к Маше, разбившей жизнь его друга, он продолжал относиться враждебно. И потому, когда Воронихин спросил: "Каково впечатление, Шарло?" — Росси горячей, чем было пристойно, ответил:

— Вы чрезмерно опоэтизировали натуру.

— Ну, это, братец, ересь чистейшая! — улыбнулся Воронихин. — Машу опоэтизировать нельзя, ибо она есть сама поэзия. Не смущайся, Машенька!

Маша встала, подошла — легкая, тонкая, прямая Сильфида — и голосом, дрогнувшим от сдерживаемого волнения, сказала:

— Как благодарить вас, Андрей Никифорович? Век не забуду вашего внимания.

— Не тебе, мне благодарить тебя, Машенька.

И Воронихин поцеловал Маше руку так почтительно и бережно, что Росси глазам не поверил и злобно подумал: "Протекции для чего-то ищет у новой княжеской содержанки", но тотчас устыдился таких мыслей. Воронихин, показалось, их прочел и опять, пристально глядя ему в глаза, веско сказал:

— Я не только ценю Машу как дивную балерину, но уважаю ее как прекрасного человека. А тебя, Шарло, прошу зайти ко мне после посещения Академии, у меня сегодня проведет вечер столь почитаемый тобой Василий Иванович Баженов. Он передает сегодня Академии свой проект об издании многотомной "Архитектуры Российской", а потом — ко мне.

— Счастлив видеть и слышать Баженова! — воскликнул Росси. — Не разрешите ли прийти вместе с другом моим, Митей Сверловым? — сказал он громко и вызывающе глянул на Машу — покраснеет ли?

Но Маша не покраснела, а подошла близко и сказала ему вежливо, но с твердостью, не допускающей отказа:

— Попрошу вас, Карл Иванович, уделить мне немного времени, у меня дело есть к вам.

— А я исчезаю, — сказал Воронихин. — Так, Шарло, мы встретимся с тобой в Академии.

Воронихин ушел. Маша, как хозяйка, предложила Карлу сесть. И вдруг он почувствовал, что смущается сам и, чтобы оттянуть время волнующего разговора, сказал:

— Я и не знал, что вы так хорошо знакомы с Андреем Никифоровичем.

— Знаком он мне давно, а особенно близок стал сейчас... ближе всех на свете. Ведь у нас с ним одно горе. У него, как у меня, отнята была любовь всей жизни оттого, что мы рождены крепостными...

— Позвольте, — вспыхнул Росси, — частная жизнь Воронихина мне неизвестна, но у вас... Кто же у вас отнимал Митю? Сами вы от него отказались, найдя для себя нечто более подходящее.

Маша и тут не смутилась, не разгневалась, она с горьким достоинством сказала:

— Обстоятельства, которых не побороть, жестокость жизни — вот кто отнял у меня Митю. Думайте обо мне что хотите, я ведь вижу ваше отношение ко мне, но как друга Мити прошу вас, выслушайте меня. Когда-нибудь передадите ему.

Маша села на диван и, как дама равного ему круга, указала Карлу жестом маленькой руки сесть рядом. Он покорно опустился на кресло и приготовился с любопытством слушать Машу. Его мысли путались. Он так был уверен, что когда встретит ее, то, полный презрения и гнева, отчитает за измену Мите, за корыстолюбие, низость души, продажность и предательство... И вдруг эта спокойная, печальная женщина оказалась совсем не легкомысленной, тщеславной и пустой девчонкой, как его коварная Психея.

Перед ним сидела умная, зрелая характером, ни на кого не похожая своей благородной простотой, почти светская женщина.

— Я прошу вас, Карл Иванович, запомнить для Мити то, что я сейчас вам скажу. — Маша заговорила ровным голосом, без жестов, крепко сжав руки, словно боясь выраженным чувством затемнить смысл своей речи. — Человек, который называется моим барином, призвал меня на днях и сказал: "Тебя хочет выкупить на волю князь Игреев, мой большой приятель. Ведь вот какое большое счастье тебе улыбнулось! Кроме него, говорит, никому никогда я тебя не продам, твердо запомни. И если о ком мечтаешь, оставь свою надежду навсегда. Но князю — что поделать! — уступлю. Иди, до завтрашнего вечера обдумай, — либо вольной у князя, либо навечно моей крепостной. Впрочем, думать-то не о чем: если, по дурости, князя отвергнешь, все равно попадешь к нему же, моим изволением. Говорю тебе обо всем этом потому, что блажит князь Игреев — хочет твоей непринужденной любви... и я ее ему обещал".

Сутки я думала — хотела было умереть. Не смогла. Убежать с Митей некуда. Да и счастья не выйдет ни мне, ни ему. Все как в пропасть низринулось. Одна осталась мечта — воля. Князь Игреев мне ее обещал. Я думаю, остальное понятно. Мите я прошу эту историю передать для того, чтобы не осталось у него из-за меня злобы и презрения ко всем женщинам. Ведь не от низости души я так поступила, не сольная партия, предложенная князем, не особняк и богатство его меня соблазнили — одна воля. Конечно, честнее было бы мне умереть... Но я не смогла умереть...

Маша так трогательно, с такой прелестной виноватой улыбкой посмотрела в глаза Карлу, что он в порыве нежного сострадания взял ее за руку и с раскаянием вымолвил:

— Простите меня, я о вас несправедливо подумал плохо.

Маша слабо улыбнулась:

— Имеете все основания. Я, как видите, — не героиня. Героиня в таком случае погибает. Но я не могу... я не хочу сдаться перед жестокостью жизни.

Маша встала с пылающим лицом. Оно было вдохновенно, прекрасно той особой внутренней красотой, когда человек идет на сжигающий его подвиг.

— Скажите Мите, я выбрала вместо смерти волю не для того, чтобы наслаждаться богатством, которое мне предлагается, но лишь для того, чтобы все свои силы отдать искусству. И в нем я достигну совершенства! Вот что дает мне силу вынести... невыносимое.

Маша закрыла глаза рукой, чтобы скрыть слезы. Росси глубоко понял ее состояние и с великим сочувствием в голосе сказал:

— Я верю вам, Маша. Когда Митя в состоянии будет справедливо оценить ваш поступок, я ему передам ваши слова.

— Берегите Митю, любите его, Карл Иванович, — прошептала Маша, и крупные, уж не сдерживаемые слезы закапали из глубоко печальных глаз. Если Митя точно по-настоящему любит меня, он должен понять, что не я низка душой, а выхода, поймите, выхода иного мне не было! Не дала жизнь выхода, загнала меня в тупик. — Маша вытерла платочком глаза, они горели как в лихорадке. Она заговорила горячо, отрывисто, торопясь все скорей высказать. — Ну, допустим, что скопил бы Митя денег на выкуп, — да ведь барин согласен продать меня только под нажимом сильнейшего, чем он. У князя Игреева он в долгу как в шелку... Ох, сколько бессонных ночей я провела! Сколько думала все о том же, и так и этак примеряла — один конец! А князь все настойчивей. И невесть что сулит. Я же одно лишь ставлю условием своего бесчестья и горя — отпускную вольную. И вот, намедни, принес он мне эту вольную, издали показал, говорит: "Перейдешь ко мне в особняк — получай ее из рук в руки! Пройдет мой любовный каприз — иди с этой вольной на все — четыре, и твоя балетная карьера при тебе. Но если о женихе своем мечтаешь, — слыхал я, жених у тебя есть, — мечтания брось. Кроме меня, никому твой барин тебя не продаст. И главное — как своей судьбы, ты меня не минуешь. Все равно ко мне попадешь. Но если не по доброй воле, уже не посетуй, на ином окажешься у меня положении. Сейчас я твой раб. Ну а там — ты моя раба. И твою вольную я сам на твоих глазах разорву, и останешься крепостной ты навек". Еще раз скажу — умереть надо бы мне. — Маша чуть улыбнулась опять трогательно и виновато. — Пусть меня Митя вот только за это и простит.

Глава восьмая

Баженов был только что назначен Павлом вице-президентом Академии художеств. С присущим ему огненным вдохновением принялся он исправлять ложную педагогическую систему недалекого и упрямого Бецкого.

Приказано было набирать сирот от трех— до пятилетнего возраста, сдавать их классным дамам-француженкам и в принудительном порядке обучать рисованию.

— Насильно Аполлону мил не будешь, — говорил Баженов, превращая классы малолетних, умученных дрессировкой, в веселое общежитие маленьких художников.

Кроме реформы воспитательной, было еще одно дело, и надо было с ним торопиться, потому что здоровье ему изменяло... Надлежало ему настоять на издании многотомного труда под общим заглавием "Архитектура Российская", куда должны были войти как построенные здания, так и здания, оставшиеся только в "прожектах".

Большинство работ Василия Ивановича Баженова, ценителями искусств всего образованного мира признанных гениальными, осуществлено не было.

Уже несколько раз за последнее время Баженов назначал день для передачи Академии папок со своими творениями, но, от волнения чувствуя себя худо, сам создавал своему делу отсрочку.

Наконец вечером, в середине марта, он сказал жене:

— Грушенька, я завтра решил передать Академии мои папки. Уж извини, милый друг, шагать буду ночью. Чаю крепкого наготовь...

— Наготовлю, Васенька, — отозвалась Аграфена Лукинична, и в простые эти слова ею было вложено столько понимания и чувства, что Баженов, обняв ее, вымолвил:

— Ну и спасибо ж тебе!

У них теперь редко бывали длинные разговоры — объяснять было нечего. За долгую жизнь любви и согласия они как бы стали одним существом. Слова могли быть случайные, как сказанные сейчас, и невольному свидетелю их разговора было бы невдомек, за что Баженов мог вдруг наполниться такой благодарностью к жене.

Но Груша знала, что если Баженов вынул из тайника свою папку с надписью "Большой Кремлевский дворец", его ночь будет без сна, и в свои обыденные слова лишний раз вложила неустанную готовность делить с мужем до гроба всю горечь его необыкновенной судьбы.

Василий Иванович шагал по комнате далеко за полночь, погруженный в свои думы, когда Аграфена Лукинична внесла ему на подносе крепкий чай и графинчик водки. Скользнув по нему взглядом, Баженов улыбнулся:

— Поторопилась, Груша, навстречу событиям, — ан графинчика-то мне и не надо.

Груша много страдала, когда Баженов после приказа Екатерины прекратить постройку Большого дворца горько запил и потом сделал своим обычаем при всякой несправедливости прибегать к этому исконному утешению оскорбленных талантов.

Все понимающая жена, без укоров и осуждения, одной неистребимой любовью, перешедшей уже в материнскую, делала то, чего не достигла бы упреками: Баженов запивал все реже. И сейчас, когда ему надлежало пересмотреть, как чужую, работу всей своей жизни и отобрать то, что достойно стать вечным памятником русской архитектуры, — никакого подкрепления сил, кроме напряжения собственной воли, ему уже не было, нужно.

Как давно, больше полвека назад, уехал он мальчиком из родного села Калужской губернии, чтобы попасть в "архитектурную команду" в Москву... Около Охотного ряда была та команда, и заведовал ею князь-архитектор Ухтомский. Он же своего "гезелия" Баженова за особые успехи записал в только что учрежденный университет, где на парте с ним оказались Потемкин, Фонвизин и Новиков Николай Иванович... С последним большие события связаны в его жизни... но это потом. А тогда, в юности, по капризу судьбы, Новиков и Потемкин как неспособные исключены были из университета.

Ему же в те годы словно бабушка ворожила: удача за удачей. Вот уж он в Академии художеств, где превознесен за таланты и отличен командировкой в Париж. И дальше... такая щедрая ему выпала юность, такое беспрепятственное погружение в искусство ему предложила судьба. Жили с живописцем Лосенкой где-то в мансарде, не слишком сытно, — Академия была скуповата, — но какая свобода, какие сокровища живописи и зодчества навсегда сделались составной частью его души! Учитель его, придворный архитектор де Вальи, привил ему тонкий вкус к обилию остроумных деталей без лишнего нагромождения, чему великим примером был чудесный Лувр. В Париже научился он давать простор своей безграничной фантазии, организуя ее неослабным расчетом математика.

— Вы овладели той тайной, благодаря которой архитектор себе может позволить необычайное, — говорил ему с восхищением де Вальи, когда Баженову присудили первую награду за проект Дома инвалидов.

В Риме как ученик Академии св. Луки он был также отличен перед всеми за свою "лестницу Капитолия", а вернувшись домой, на родину, поразил воображение современников своей моделью Большого Кремлевского дворца.

Если бы дворец этот был выполнен, ему пророчили место среди чудес мирового зодчества — виллы Адриана, форума Траяна...

Когда модель была готова, Екатерина показала ее иностранным дипломатам и своей цели достигла. Была война с Турцией, и надлежало показать Европе, что Россия нимало не затруднена в финансах, о чем уже шла досадная молва. Хотя Баженов представил смету в двадцать пять миллионов, разнесли по всей Европе, что Екатерина отпускает все пятьдесят.

"Легко было ей накидывать лишнее, — горько подумал Баженов, — когда она строить и вовсе-то не собиралась. Только меня, дурака-мечтателя, морочила, чтобы из кожи лез, старался... И разве не берег я работу свою больше жизни: пять лет все мысли о ней... Когда же налетела чума и разъяренный народ пошел все сносить, в Модельный дом кинулся, чтобы защитить либо вместе с моделью погибнуть".

Уцелела модель, а дворец не построен.

Баженов прошелся к окну, отворил его. Густая мартовская сырость вошла в комнату и стала в ней, как туман. Еще тяжелей стало дышать. Закрыл окно, опять стал шагать.

Как торжественна была закладка дворца! Какой фейерверк, музыка, славословие! Молодой поэт Державин сложил в честь его стихи, а сам он с великим волнением произнес свою лучшую речь. На месте закладки храма зарыта медная доска с надписью; вот она, точная копия. Баженов подошел к высокой конторке, выдвинул ящик, вынул погнувшийся золотообрезанный лист, прочел, хотя надпись знал наизусть:

"Сему зданию прожект сделал и практику начал Российский архитектор, москвитянин Василий Иванович Баженов, Болонской и Флорентийской Академии и Петербургской Императорской Академии Художеств академик. Главный артиллерии архитектор и капитан..."

Это все его титулы. Пониже в углу стояло: "От роду ему 35 лет".

— А сегодня уже шестьдесят один, — прошептал Баженов, — двадцать шесть лет со дня закладки прошло. — Если бы не выгравированная эта доска, не модель, чья память удержала бы для потомства его могучий замысел? Необходимо, пока еще жив, закрепить все работы в чертежах и планах, скорее издавать том первый.

Опять заметался по комнате. Движение давало порядок толпившимся в памяти мыслям, или, верней, образам.

Вот окно того дома на набережной Москвы-реки, перед которым, счастливые, молодые, стояли с Грушенькой и веселились, глядя, как ползут гуськом подводы с лесом, песком, кирпичами к высокому месту постройки дворца. Порой видели из этого же окна, как в бессильном гневе за разрушение священной старины, произведенное по необходимости для возведения неохватного глазом фундамента нового Большого дворца, местные старики-старожилы грозили кулаками и проклинали строителя за "бальзамный" дух, который он выпустил на волю из вековых подвалов взятых на слом приказов.

Василию Ивановичу с Грушей тогда, по молодости лет и прекрасной удаче, все было смех и забава, а между тем этот гнев старожилов был одной из причин, повлиявших на императрицу дать приказ о прекращении постройки.

Скоро деньги для дела стали задерживать, разрослась бесконечная бумажная неразбериха, отписываться приходилось больше, чем строить. Баженов не выдержал и надерзил государыне в отчетном письме: "Опасаюсь, кабы сия переписка не сделалась моей единственной работой".

Шли месяцы, а постройка не подвигалась. Мечтатель зодчий медлил понять, что Екатерине дворец больше не нужен. Война с Турцией была выиграна, и дальнейшее разорение на "чудо искусства" ей было ни к чему. И вот пробил страшный час.

Генерал Измайлов, заведующий постройкой, призвал зодчего и возвестил ему голосом чиновным, не допускавшим возражений, что ее величество, опасаясь, как бы близость основания нового дворца к Архангельскому собору не повредила священных могил русских царей, а бальзамный дух разоренных подвалов не отравил болезнями воздух, — повелевает строительство нового Большого Кремлевского дворца прекратить.

Баженов, обессиленный, склонил голову на руки: пять лет

весь ум и чувства отдавал вдохновенной работе, ею только и жил...

С первоначальной силой воскресла ни с чем не сравнимая боль творца, имеющего талант и силу довести свой труд до конца и грубо лишенного любимой работы.

От сердечной внезапной слабости Баженов задремал. Побледневшее его лицо понемногу озарялось глубоким торжеством: на высоком Кремлевском холме он во сне увидал свой заветный дворец законченным.

Увидал обращенный к Москве-реке величественный главный корпус в четыре этажа и за ним чуть золотевший купол Ивана Великого. Колонны пронзали нижних два этажа. На них легко и гордо лежали два верхних; большой выступ, выбегающий далеко вперед из центра, лишал холода — симметрию и создавал то присущее ему свободное величие, так отличавшее от других зодчих его мастерство.

Ярко освещенные солнцем шестиколонные портики, большие ионические колонны поддерживали антаблемент с плоским аттиком... А вот и они, столь нарядно задуманные, новые выступы на краях корпуса с двойными колоннами, богато украшенные кариатидами, которые как бы подымают карнизы окон. Восхищенным глазом победителя созерцал он свой грандиозный дворец, удостоверяя сам перед собой, что главное дело его жизни ему удалось. Он глубоко изучил памятники мирового зодчества, могуче переработал все своим русским сознанием и своей работой дал свидетельство торжества гения отечественного.

Баженов с удовлетворением проверил, сколь правильно был им задуман и весь гигантский треугольник, куда свободно включалось все лучшее, что было в старом Кремле... А Иван Великий замкнулся мощной стеной с колоннадой, где живописно шли между колонн ложи, а по цоколю — трибуны для зрителей.

Да, он по праву засмотрелся на собственный гениальный размах величавый полуциркуль с целым полчищем вознесенных над Москвою колонн...

Какой вечный памятник воздвиг он родине и себе!

От бури нахлынувшего чувства горячо встрепенулось сердце, дрогнул лес колонн и стал плавно, как под музыку, наступать на него. Окружили его летящие виктории с венками. Он видел, как они вдруг вспорхнули с пустого пространства над тремя великолепными арками, которые он довел до второго этажа.

Как близко от него зазмеились широкие пересекающиеся

лестницы! В своем сложном переплетении они двигались от переднего входа в театр, и ему нужно было внезапно отодвинуться, чтобы пропустить мимо себя беседку из двенадцати колонн розового мрамора.

— Вестибюль дворца... — узнал он и, резко двинувшись, проснулся.

Свой осуществленный грандиозный проект — новый Кремлевский дворец на высоком холме Кремля — Баженов увидел во сне. На самом же деле у него только то окно в его московском, уже проданном доме, откуда смотрел он с женой, как воздвигали и как разрушали фундаменты его бессмертного замысла.

Вошла обеспокоенная Грушенька, смущенная непотушенной лампой в комнате мужа. Она и сама не ложилась.

— Тебе худо, Васенька, что-то ты очень бледен?

— Это было во сне, Грушенька... — сказал тихо Баженов, — я во сне увидел мой дворец построенным. Нет, не жалей меня, — поспешил он сказать в ответ на проступившие в глазах жены слезы, — я счастлив. Я уверен, что проекты мои будут когда-нибудь изучать. Сейчас я пересмотрел их, и не как свои, а словно чужие, — и я их одобрил. И еще я уверен, что грядущее русское зодчество не обойдется без того, чтобы при всех великих работах не вызывать в памяти работы мои... Да открой, Груша, настежь окно — видишь солнышко...

Раннее, не греющее, но уже ласковое солнце осветило лицо Баженова и всю его легкую, нестарую фигуру. Несмотря на болезнь и без сна проведенную ночь, большая сила жизни была в его удивительных глазах, больших, светящихся, как бы одаряющих своим творческим богатством. Он взял жену за руку и, словно подводя итоги самым затаенным мыслям, сказал:

— Как часто в горькие минуты крушения моих замыслов вставала передо мной высокая оценка моего дарования академиями Флоренции и Рима и особо любезного мне Парижа, где предложено было мне оставаться высоко ценимым придворным архитектором, но, поверь, никогда, даже в день, когда наша русская Академия оскорбила меня отказом дать мне звание профессора, уже дважды данное мне за границей, — не пожалел я, что вернулся домой. И сейчас, когда у меня впереди сама смерть, а позади — вместо великих осуществленных зданий одни их проекты, я повторяю перед этим взошедшим солнцем слова, сказанные мною в день закладки Большого

Кремлевского дворца: ум мой, сердце мое, знание не пощадят моего покоя, здравия, самой жизни моей ради тебя, моя родина!..

Глава девятая

Когда Росси, по уговору с Митей, подошел к Ватиканскому торсу, который стоял в нижнем этаже скульптурного отдела, оказалось, что Митя давно его тут поджидал.

— Я уже все картоны сдал в канцелярию, — сказал он, — завтра их будут развешивать в конференц-зале.

— Надо бы сперва показать Воронихину, — с досадой вымолвил Росси, — и главное, я его только что видел, а про чертежи и позабыл.

— Воронихин сейчас обязательно будет, такой он почитатель Баженова, успокаивал Митя, — ужель упустит случай его поздравить. Проект издания принят, весь вопрос в сроках и объеме его...

— Да, конечно, он придет, — отозвался Росси и задумался о намеке, который по адресу Воронихина сделала Маша, говоря о несчастной любви в крепостном звании.

— Ты не слыхивал, Митя, какая была у Андрея Никифоровича в юности история с Натали Строгановой, которая так рано умерла?

— Как не знать. Все, что касается горемычной доли крепостных, мне особенно теперь близко к сердцу, сами, чай, знаете, почему... История эта такая: строгановская знаменитая на весь мир золотошвейка Настя из любви к Андрею Никифоровичу на убийство этой молодой графини пошла, отчего знаменитый наш зодчий остался навек обездоленным.

— Сейчас пошел слух, что он задумал жениться на англичанке? — осторожно спросил Росси.

— И я слышал. Ну, это полагать надо, из гордости, чтоб людям и себе доказать, будто ни от какой личной сердечной причины он надолго пасть духом не может. Гордый очень.

— Невесту нынешнюю его я знаю, — сказал Росси, — это чертежница Мери Лонг. Она и в архитектуре сведуща; словом, брак рассудительный, что и говорить.

— А тогда, в юности, — перебил Митя, — он любил, как один раз в жизни можно любить! Сам я лично ничего не знаю, но строгановские люди подробно рассказали. Лет десять тому назад была у Воронихина связь с этой первейшей золотошвейкой Настей. Она не только золотом вышивала, лучшие французские гобелены копировала — от подлинника не отличить. Воронихин с молодым графом Строгановым в Париж собирался — он уже в силу входил. Натали приходилась ему дальней родственницей с левой стороны; ведь двоюродный брат графа, барон Строганов, всем известно, родной его отец. Недаром Андрея Никифоровича, когда он рос, в деревне "бароненок" прозывали, самокатчик Артамонов давеча рассказал. Так вот какие вышли дела: хоть за талант ему славу пророчили, а все же Строгановых он — вчерашний крепостной. И Натали его на свое горе полюбила. А тут еще эта золотошвейка Настасья... Сперва она с собой порешить хотела, утопилась, ее вытащили, откачали. Оправилась... Но опять сердца не сдержала — отравила на этот раз Натали. Крепостные все это ведали, но до господ смутные слухи дошли, и правду узнать не больно допытывались, сраму боялись. А славный наш зодчий надолго уехал в Париж и вернулся уж не тот: на все пуговицы застегнут — важный, только к простому люду особливо добр.

— А какова судьба Настасьи? — заинтересовался Росси.

— А тут повернулось дело как в сказке: она вышила такой замечательный гобелен, что граф порешил послать его в дар австрийскому императору, а ей вольную дали, да еще в обучение за границу отправили...

— Замолчи, Митя, к нам идет сам Воронихин, — сказал Росси, — да не один — чудак с ним какой-то.

— Да это знакомец наш недавний, — улыбнулся Митя, — самокатчик Артамонов; в новую суконную поддевку вырядился и цепочку серебряную выпустил.

Воронихин приветливо поздоровался:

— Вот разъясняю своему земляку искусство древних... Он давно тут плутает один, я его и взял в обучение.

— Да тут и заблудиться не мудрено, — сказал Артамонов, — среди этих калечных: все безрукие да безногие, а то и вовсе без головы, небитых совсем мало.

— И часто это не самые лучшие, отметьте себе, — улыбнулся Росси, указывая на Ватиканский торс, мягко освещенный рассеянным светом. — Вот, например, непревзойденная, величайшая скульптура, а между тем у этой статуи нет ни головы, ни рук, ни ног.

Артамонов нахмурился, кольнул быстрым взглядом говорившего, словно справился, не потешаются ли над ним. Воронихин угадал его недоумение и серьезно сказал:

— Карл Иванович говорит правду. В главном городе Италии, в Риме, в великолепнейшем дворце эта самая статуя помещена в особой комнате. Свет на нее падает сверху, и люди, входя в залу, как в храм, изумляются этому произведению неизвестного гения. Правда, сразу понять его мудрено...

— Чего ж не понять, коли людям понятно, — сметливо ухмыльнулся Артамонов, — глаз тут вострый требуется, а не ученость... Вот, примерно, песню, — у кого ухо есть, и безграмотный схватит, а нет уха — наукой ему не вобьешь. У меня родной племяш пастухом, так он из костра уголек вытянет, овечку на камешке, как живую, начиркает. А кто обучал? Босой да сопливый...

— Скажи-ка, нам, Артамонов, на совесть, — указал Воронихин на Ватиканский торс, — видится тебе что в этом безголовом?

Артамонов окинул всех умными, острыми глазами и проговорил, не смущаясь;

— А вижу я на этом обломе, что спина у мужика согнувши, а живот легко втянут, с боков, как у живого, мускулы явственны, и ребра под ними чуешь и кожу на них. Все без обмана, весело сработано! В столь точном виде, что прямо сказать, — дальше некуда! И еще скажу, сдается мне, что ничего к этому облому добавлять нет надобности, чтобы цельный человек увиделся... Ну, этого в точности я рассказать, Андрей Никифорович, не сумею, вот разве иной раз заглядишься, как в тихой воде солнышко отражается, и радость тебя возьмет: не велика, кажись, лужица, а солнце в ней как есть целиком.

— Да ведь это в переводе на образованный наш язык звучит так, что важно показать хоть малую, дробную часть совершенства, чтобы получить ощущение совершенного целого. Но как это постиг самокатчик? — изумился Росси.

Артамонов вдруг низко поклонился Воронихину:

— Спасибо, Андрей Никифорович, уму-разуму учишь, я сюда еще много раз заверну, а сейчас отпусти — по базарам охота пройтись, подручного из оброчных выискать, одному всей работы мне не поднять.

— Ну и ловкач, — засмеялся Воронихин, — видать, надоели тебе антики! Да ты знаешь ли, где стоянки оброчных? Могу их тебе перечислить, мы там натурщиков выбираем.

— Не утруждайтесь, Андрей Никифорович, — сказал Митя, — я сам пойду с Артамоновым.

И оба скрылись в гулких коридорах Академии.

— Вот что, Шарло, — сказал Воронихин, кладя руку на плечо Росси, — нам необходимо провести вечер вместе с Баженовым. Я — старый ученик и друг его, ты — новое поколение, подающее великие надежды. Не дадим ему почувствовать горькое одиночество гения среди чиновников и врагов хотя бы сегодня, в этот важный для его жизни день.

— Я счастлив, что вы обо мне вспомнили, — ответил

взволнованно Росси, — а сейчас разрешите передать вам чертежи и планы Михайловского замка, они уже в канцелярии.

— Я рассмотрю их один, тебя же прошу посторожить Василия Ивановича у колонн вестибюля; скажешь ему, что я здесь.

Воронихин своим размеренным шагом, с выправкой, почти военной, удалился в канцелярию Академии, а Росси занял выжидательный пост у колонн вестибюля. Карл волновался при мысли, что он увидит Баженова и тот может спросить его о привезенных планах и чертежах Михайловского замка. Все они были подписаны одним именем — Бренна, а между тем в городе не смолкали толки о том, что самый первый замысел и проект принадлежали ему, Василию Ивановичу Баженову. Но придворным архитектором и любимцем Павла стал теперь Бренн, угадавший его тайное желание и согласно ему закончивший замок.

Мысли Карла с Баженова перескочили на самого Павла. Конечно, не произведение искусства было ему важно, а прежде всего — крепость, твердыня, где можно укрыться от пули и штыка. Нынешний государь — не Петр Великий, а несчастный человек, которому все сильней мерещится, что он окружен врагами и заговорщиками. Он жадно хватается за каждую новую выдумку, где ему мнится спасение от опасности. Так было с кострами Мальтийского ордена, так сейчас с этим замком. Как торопил Бренна с постройкой! Разобран для нее чудесный дворец в Пелле работы Старова, захвачены заготовки для собора Исаакия. И все для того, чтобы укрыться ему поскорей в этом, словно кровью окрашенном, замке, вокруг которого рвы полны воды, подъемные мосты легко вздымаются и летят вниз, где на каждом шагу караулы и тайные лестницы...

Да, велика разница вдохновения зодчего, когда он воздвигает светлый Олимпейон для радостей народных или для одинокого деспота мрачную крепость.

Воображение Карла так было занято этими мыслями, что раздавшийся откуда-то сверху голос Баженова заставил его вздрогнуть. Голос единственный, различимый из тысячи, приподнятый, слегка в интонациях повизгивающий. Голос этот всегда невообразимо трогал Карла.

На ступеньках парадной лестницы столпились вицмундиры академического начальства. Все слушали Баженова, стоявшего несколько повыше на площадке и задержавшего общее движение вниз своей речью. Свет был у него за спиной, и на фоне белой стены рисовался только стройный его силуэт.

В тоне Баженова слышалось с трудом сдерживаемое волнение. Вдруг он сверху увидел подходившего к Карлу Росси Воронихина и, прервав свою речь, стремительно зашагал по ступенькам.

Он несся, словно подлетывал, легкий, изящный человек с лицом, овеянным гением. И вместе с тем это было лицо русского деревенского парня, с многообразным тончайшим налетом европейской культуры.

Несмотря на шестьдесят лет, была юношеская сила, стремительность в фигуре, брови разлетные, приподнятые с особым изумлением, словно это был человек, увидавший какую-то красоту мира, незримую другим. В юности из-за своего восхищенного выражения его прекрасного лица говорили о нем, смеясь, товарищи: "лик архангельский".

Баженов дошел до Воронихина и, обнимая его, быстро сказал;

— Как хочется мне провести с тобой, дорогой Андре, сегодняшний вечер.

— Я сам о том же мечтал, — улыбнулся Воронихин, — вот свидетель, Карл Росси, или, как я его называю, Шарло!

Баженов, сияя чарующей улыбкой, протянул Росси руку.

— Знаю, знаю, подающий большие надежды наш юный, преемник и продолжатель, конечно, тоже мой дорогой гость.

Росси, закрасневшись от радости, поклонился.

Форменные вицмундиры спустились вниз с лестницы и опять окружили Баженова. Он выступил вперед и заговорил так, словно начатый вверху разговор не прерывался им вовсе:

— Поймите же, предложенный мной проект необходимо привести в исполнение как можно скорее. Он должен войти в преподавание, в живую жизнь для назидания молодым. На этих образцах нашим зодчим надлежит развивать свое дарование...

Баженов остановился, ему не хватало воздуха. С недавних пор, когда приходил в волнение, отказывало вдруг сердце... Однако в минуту преодолел слабость, ярко оглядел всех своими вдохновенными глазами и широко очертил рукой воздух, будто собрал воедино этих грядущих зодчих, и повторил весело:

— Именно в поученье молодым будет это издание работ всех мастеров русских...

Он было умолк, но через миг опять вспыхнул, словно встретил какое-то обидное опровержение. Чиновники молчали, но своей повышенной чуткостью Баженов уловил их внутреннее несогласие и, повысив голос, резко сказал:

— И в первую голову надлежит издать те проекты, кои по

превосходным своим замыслам и вкусу достойны были быть выполненными, но...

Снова голос пресекся. Волнение было крайнее. Тяжко было закончить речь признанием неудачи собственной судьбы художника. Однако еще сделал усилие и окончил:

— ...кои остались всего лишь в замысле.

Баженов поднял голову, краска прилила к побледневшим щекам; с гордостью, тихо, но твердо он вымолвил:

— Ежели здания предполагаемые почему-либо построены не были, но по важности своей, по высоте архитектурного знания стоят превыше многих построенных, потомство обязано сохранить их в своей памяти — ради себя самих, ради искусства, ради истории отечественной.

За несколько витиеватыми словами Баженова не только молодой Росси, все одеревенелые в службе академические чиновники и адъюнкты застарелой живописи почувствовали и на миг разделили обиду изломанного жизнью гениального строителя.

Вдруг Росси, подойдя близко к Баженову, сказал, краснея, со слезами на глазах:

— Василий Иванович, поверьте, мы высоко чтим вас, великого зодчего и учителя нашего.

Приветливо встретила гостей жена Баженова, Аграфена Лукинична. Взял ее Василий Иванович, сироту, из дому своего близкого друга — Федора Каржавина, хорошего переводчика и неугомонного путешественника. Грушенька была воспитанница его родителей.

В необыкновенно светлой столовой с обилием благоуханных цветов было радостно. Дикий виноград из трельяжа выбрался высоко над окнами и, путешествуя по стене, заткал ее живым зеленым ковром.

— Прямо зимний сад, — сказал Баженов, обводя жестом стены, — таков вкус моей хозяйки, ее вкусу я радуюсь.

— Еще бы вам не радоваться, — смеясь, сказал Воронихин, — ежели благодаря этому вкусу она выбрала в супруги именно вас.

— Претонкий вы комплиментщик, Андрей Никифорович, — чуть покраснела Грушенька, — недаром вы в высшем свете пребываете... А вот я вам по-домашнему напрямик скажу, пересядьте-ка все от стола к камину. И помягче там на диване, и хозяйке дадите простор.

Грушенька вышла из комнаты готовить чай, а Баженов с Воронихиным уселись перед огнем на диване.

Росси сел поодаль, чтобы видеть их обоих и навеки

запечатлеть в своей памяти их столь разные, но, каждое по-своему, прекрасные лица.

От безыскусственной доброты Аграфены Лукиничны ему стало так ласково, как будто он попал наконец в настоящий родной дом. Тем более что замечательные два человека, которые сидели перед ним так близко, были для него самыми дорогими на свете. Баженов тихо, с видимым облегчением, сказал:

— Ну вот, если мое последнее желание исполнится и затеянное издание "Архитектуры Российской" выйдет, как мною задумано, я буду доволен. Я умру спокойно, потому что, хотя бы в проектах, моя большая работа останется для потомков. — Он сел ближе к Воронихину и обнял его: — Бессонная ночь была у меня нынче, Андре. Вспомнил я все свои огорчения на родине и великую хвалу и признание в Европе...

— Шутка ли, — весело усмехнулся он, как бы не доверяя своим словам, — ведь я член четырех академий, и король французский предлагал мне остаться у него придворным архитектором. Но нет, не мог я жить вдали от дорогой моей родины, хоть бы и в королевском почете. Только здесь, для своих хотел строить... Нечего сказать — много настроил... Воздвигал — разрушали. Истинно злой колдуньей из сказок была царица в моей судьбе. Утешает меня, Андре, пример великого Витрувия — мы с Каржавиным неплохо перевели его, помнишь, ты одобрял?

Воронихин утвердительно кивнул.

— Вот и думаю. Может, мне его жребий выпадет, ежели уж собственный не удался. Жил он до нашей эры в первом веке, а, гляди, до нынешних дней его книги не утратили своей цены. Был он невзрачен видом, без придворной хватки, льстивые борзописцы обскакали его при всяких августах-императорах. Но прошли дни. Наступила нелицеприятная для всех история, и кому на пользу соперники Витрувия? Один прах... А сам он еще надолго будет питать поколения.

Грушенька, внеся самовар, озабоченно взглянула на мужа — он слишком был оживлен. Блестели удивительные его глаза, и румянец не сходил с тонкой кожи его лица.

— Тебе, Васенька, от Казакова из Москвы посылка — тридцать пять чертежей и эстампов твоего Царицынского дворца.

— Очень рад, давно ожидал. Мы потом их рассмотрим, Андре, не так ли?

— Счастливы будем, дорогой Василий Иванович! Вот

Шарло давно в Москву рвался, чтобы их раздобыть, — ан они и сами приехали.

— Я столь восхищен этим дворцом, — сказал Росси, — очень хотел съездить зарисовать его...

— Не много от дворца осталось, — оборвал резко Баженов. — Казаков прислал наилучшее.

И опять, полуобняв Воронихина, ласково обратился к нему, видимо, желая стряхнуть подступившую тяжесть.

— Ну как же я рад, дорогой Андре, что ты сейчас у меня, и вы, юный Шарло, — он крепко пожал руку Росси. — Я ведь полюбил тебя, Андре, едва принял тебя в число моих учеников тогда, в московской школе. Сколько тебе тогда стукнуло годков?

— Да не больше семнадцати, — улыбнулся Воронихин, — и ведь я еще не знал, кем буду, — очень увлекался живописью Возрождения...

Камин разгорелся и картинно осветил сидящих на диване. Между ними было двадцать лет разницы, но они не казались представителями двух разных поколений, а как-то неожиданно дополняли друг друга. Непринужденная грация движений Баженова, нервная стремительность его худощавой фигуры как бы опирались, брали себе пьедесталом твердость рисунка, точную отчетливость Воронихина. Большая сила была в его красивых глазах. Чисто народная смекалка в соединении с надменностью, выработанной обстоятельствами жизни, усвоенной как наилучшая защита самолюбивого характера. Сразу чувствовалось, что этот щегольски одетый человек с вельможными манерами каждую минуту знает твердо, чего он хочет, и желание свое имеет силу осуществить.

— Мне дорого узнать, Василий Иванович, — сказал Воронихин, — каково ваше мнение относительно предложения, сделанного мне Строгановым. Президент нашей Академии привлекает меня, пока негласно, к соучастию в конкурсе на Казанский собор.

— Как я счастлив, Андре, — душевно воскликнул Баженов, — что жребий пал именно на тебя! Как другу и ученику скажу тебе: уходя из этого мира, я хотел бы еще пожить в твоей работе.

Баженов улыбнулся и взял за руку Воронихина:

— И вот просьба: возьми за исходную точку твоего собора мой юный французский проект Дома инвалидов. Там неплохо найдено разрешение легкого купола и колоннады... Едва ли не из-за этой удачи, весьма оцененной французами, наш Чернышев мне выдал паспорт на два года в Италию.

— Глубоко чту эту вашу работу, — склонив голову, сказал Воронихин.

— Да поможет она тебе, как мне в свое время помогли работы учителей Суфло, де Вальи и Пейера. В искусстве, как в науке, пламенный факел вдохновения передается преемственно.

— Именно надлежит пересмотреть образцы...

Баженов живо подхватил мысль Воронихина;

— Не только пересмотреть, Андре, пережить их заново. Все вобрать, пропустить сквозь сознание и чувства — и отдать их России. Все истинно великие художники так делали. Даже не будучи до крови русскими, но полюбивши новую родину, как свою, они слились с нашим особливым постижением видимого — и что же: итальянец Кваренги создает русскую классику, итальянец Растрелли — русское барокко такого высокого совершенства, что все дальнейшие попытки в этом стиле уже окажутся премного ниже его работ. Царская пышность, изобилие скульптуры, всегда поставленной, где ей надлежит, его вкус, праздник, нарядность — их уже не превзойти. Надо искать чего-то нового.

— Как рано вы это поняли, вот что меня удивляет, — сказал с уважением Воронихин. — Ведь как были молоды, когда Растрелли, обер-архитектор, приглашал вас принять участие в постройке Николы Морского, а вы отказались.

— Я сын московского дьячка, — улыбнулся Баженов, — быть может, торжественность великолепной нашей литургии прозвучала мне более родственно в возвышенной мощи классицизма, нежели в изысканной декоративности барокко. Кроме того, громадное значение имели раскопки Помпеи. От строгой красоты греко-римского зодчества повеяло вдруг таким здоровьем, такой свежей силой, возродившейся из древней колыбели, что не соблазниться было нельзя.

— Тем более, что барокко на Западе вырождалось в болезненное рококо, согласился Воронихин.

— Вот рококо и способствовало больше всего укреплению нового. Простота и мощь, выраженные строгостью линий архитектуры античной, немедленно и заслуженно убили пустую, хрупкую красоту этих ломаных, капризных, скоро утомляющих декораций. — Вы, молодые, — обернулся Баженов к Росси, — должны серьезно задуматься над раскопками в Помпее.

— Я их пристально изучаю, — поспешил ответить Карл, упивавшийся речью учителя.

— Но для нас обоих колыбелью, взрастившею наш талант и

давшею ему направление, был все-таки Париж: с непревзойденными луврскими колоннадами, с версальской роскошью, — сказал мечтательно Воронихин.

— Только с той разницей, — продолжал Баженов, — что для меня это еще был королевский. Париж Луи Пятнадцатого, а для тебя — Париж Национального собрания, "Прав человека" и клуба якобинцев. О, сколь твое время было завиднее моего!

— Оно — счастливейшее в моей жизни.

Сквозь обычную сдержанность Воронихина прорвалось такое глубокое чувство, — будто сквозь плотный покров взметнулось из глубины пламя, — что Карл дрогнул и вдруг по-новому увидал своего наставника.

Воронихин встал, прошелся, стал далеко от камина. Волнение его теперь выражал только голос, необычно размягченный.

— Меня с кузеном моим Полем Строгановым и воспитателем его, замечательным человеком, Жильбертом Роммом, послали в восемьдесят девятом году в Париж. Не встречал я богаче и благороднее характера, нежели этот Ромм. Образованнейший человек, талантливый скульптор, помощник Фальконета, он вместе с тем был пламенным якобинцем. Едва мы приехали, он основал клуб Друзей закона, где библиотекарем сделался Поль, а заведовала архивом красавица Теруань де Мерикур!.. Потом Поль вступил в клуб якобинцев, и у него на пальце появилось кольцо с девизом: "Жить свободным или умереть".

Росси слушал Воронихина, затаив дыхание, глубоко спрятавшись в тень за выступом камина, — боялся своим присутствием помешать такому важному для него разговору.

— Поль принимал участие и во взятии Бастилии? — тихо спросил Баженов.

— Он был в первых рядах. Поль Очер, так звался он в Париже. Как сейчас вижу его молодое вдохновенное лицо и слышу слова, которых ни он, ни я не забудем...

Воронихин прошелся по комнате и, подойдя к Баженову, слегка нагнулся и протянул к нему обе руки, словно хотел передать какое-то сохраненное им сокровище:

— Поль сказал после взятия Бастилии: "Лучшим днем моей жизни будет день, когда я увижу Россию обновленной такой же революцией. И быть может, мне там выпадет та же роль, которую здесь играет гениальный Мирабо"

— Твоему Полю скоро представится прекрасный случай доказать на деле свой девиз и провести в жизнь свои замечательные слова, — сказал, подымая голову, с загоревшимся взглядом Баженов, — он ведь близкий друг Александра, а как только тот станет царем... обширное поле ему для опытов.

— Васенька, — просительно сказала Груша, давно вошедшая и слушавшая разговор, — не надо об этом, опять зря разволнуешься.

Но Баженов отстранил жену, положившую ему на плечо руку, встал, подошел к Воронихину, с горечью сказал:

— Ведь с мечтой о Павле и я соединял в молодости мечту о счастье моей родины. Я пожертвовал этой мечте наибольшим, чем обладал, — моим даром зодчего. Но что за безумие питать надежду о преобразовании деспотизма в разумную власть рукой самого деспота!

— Признаюсь, и у меня такой надежды больше нет, — отозвался потухшим голосом Воронихин. — Я слишком близко и рано узнал, как невозможно людям, стоящим вверху лестницы, где фортуна сыплет дары, добровольно отказаться от своих преимуществ. Прекраснейший человек граф Строганов, я премного ему обязан, однако как трудно было из его рук получить свободу даже мне, его, так сказать, родственнику... Этот барон Строганов, мой отец, когда открыл масонскую ложу в Перми, желая и меня провести в масоны, настоял, чтобы граф дал моей матери, его крепостной, вольную. Ведь по масонскому уставу только сын свободной матери имеет право стать членом ложи. И масонство для меня прежде всего оказалось свободой — прекращением бытия рабского. Входя в ложу, я действительно был равный с равными.

— Пожалуйте к столу, — сказала весело Грушенька, хлопоча у кипящего старозаветного самовара, еще полученного в приданое, — а потом и Казакова посылку рассмотрим. Любимый это ведь мой дворец в Царицыно, как сказка он из тысячи одной ночи.

— И какой грандиозный у вас получился тут размах, — сказал Воронихин, — какая мощность воображения! Этот переход от кремлевского классицизма к такой необыкновенной пышности.

— Царицына причуда, — пожал плечами Баженов, — ничего она в искусстве не смыслила, а как раньше заладила по-модному — у меня все самое римское, так вдруг — вынь да положь — мавританское. Однако мне эта мысль понравилась: вышло неожиданно в гармонии с пейзажем и в какой-то фантастической связи с древним русским зодчеством. Вот, гляньте, главный фасад, — Баженов раскрыл на свободном краю стола большую папку и вынул прекрасный рисунок тушью.

Два больших квадрата с восьмигранными башнями. Стены красные, изукрашены ажурным из белого камня орнаментом, стрельчатые окна, белые колонны.

— В густой зелени парка это белое на красном было как кружево, сказала восхищенно Грушенька, — особенно хороша вот эта галерея в два яруса с белыми башенками, островерхими пирамидками, арками, Я входила туда как в чудный сон, — мечтательно добавила она, и Росси на миг загляделся на вдруг помолодевшее, прелестное в своей непритязательной женственности лицо.

Но когда из рук Воронихина до него дошли рисунки и чертежи, присланные Казаковым, он погрузился в них и забыл, где находится. Главное, что поразило его уже требовательный глаз, это было полное отсутствие громоздкости, тяжести при большой и сложной монументальности замысла.

Галерея соединяла большой дворец с особливым корпусом в два этажа для кухонь, приспешень и погребов, и это было так умно рассчитано, что только облегчало массивность центрального здания и хлебного двора, подхваченного двойными колоннами.

— Вот здесь, от дворца к оперному дому, пробегала моя самая любимая "утренняя дорожка", — указала на рисунок Грушенька. — Ах, что за чудесные липы благоухали по обеим ее сторонам! Даже пчелки там только жужжали, а не жалили...

— В какой несравненной пропорции линий взяты арки, зубчатые башни, стрельчатые окна, — восхитился Воронихин. — Русская псевдоготика — явление столь самобытное! Ничего подобного нигде не найти, а у нас стоит под самой Москвой...

— Не стоит, а стояло, — поправил его насмешливо Баженов.

— Но почему, по какой причине это сказочное строение, которому по оригинальности замысла нету равного, подверглось столь жестокому отвержению? — невольно вырвалось у Росси.

— Почему? — с горькой иронией повторил Баженов. — А вот послушайте: Екатерина возвращалась в Москву из знаменитого своего путешествия по Крыму, когда великий льстец, светлейший князь Тавриды, сумел ей показать, подобно хитрому актеру, товар лицом. Одни знаменитые "потемкинские деревни" чего стоили! Словом, императрица возвращалась в окончательно окрепшей уверенности относительно счастья и благоденствия своего царствования. В Москве ее встретили с восторженной пышностью. И вдруг — потрясающая весть:

заговор. Посягательство на ее трон, быть может — на жизнь... Так донес ей о неосторожной деятельности масонов московский главнокомандующий граф Брюс. Самая вольнодумная и опасная для монархии часть масонов, иллюминаты, вступила в сношение с заграницей. Императрице представили точные сведения об особом расположении масонов к персоне наследника Павла, связь же с ним установлена через меня, сиречь архитектора Баженова. И вот тут-то назначается день для осмотра Царицына дворца. Все последующее понятно, — закончил, как бы утомившись, Баженов.

— А какой веселый пришел Васенька домой, — воскликнула Груша, — он позвал меня, приказал понаряднее одеться для дня осмотра: "Ведь ты должна быть представлена императрице — так сказал мне генерал Измайлов, надзиратель за работами..."

— Ну, раз ты начала об этом, — сказал Баженов, хмуро обернувшись к жене, уже испуганной своей непосредственностью, — я не могу не кончить: назавтра, друзья мои, вместо торжества — позор! Страшный, безобразный сон. В парадной карете появление императрицы, ее знакомое надменное лицо, не смягчаемое, как на портретах, искусной приветливой улыбкой, а лицо злое, с угрожающе стиснутым, властным тонкогубым ртом.

"Это острог, а не дворец, — сломать оный до основания!" — И жест маленькой руки, не терпящий возражения, генералу Измайлову. Повернулась, поплыла к своей карете.

— Васенька, дорогой! — воскликнула Грушенька в каком-то странном восторге, беря Баженова за руку.

— И все-таки этот день для меня наисчастливейший, он возвеличил меня твоей любовью. Перед всеми ты не побоялся, ее засвидетельствовал, чем гордиться я буду до смерти... Только послушайте, Андрей Никифирович, и вы, Шарло, что он сделал: едва отвернулась разгневанная императрица, Василий Иванович побледнел, как стена, — и за ней следом, чуть ли не дернул за шелковый шлейф: "Ваше величество, — говорит, задыхаясь от волнения, минуту внимания". Она обернулась, испуганная, подскочили придворные. "Ваше величество, — говорит Василий Иванович и меня тянет за руку, — моей жене сказали явиться, дабы вам быть представленной. Если я имел несчастье не угодить вам своей работой, моя жена тут ни при чем, она не строила..." Императрица такими белыми от гнева глазами глянула на Васеньку, но, должно быть, вспомнила о своем милосердии, прославленном льстецами, и подала мне руку, потом все так же безмолвно прошла к карете. Но Вася-то не испугался гнева царского, не дал перед всеми в обиду свою жену. Даже супруга архитектора Казакова мне завидовала: "Это, говорит, почетнее, чем пара перчаток, присланная от нее мне в подарок".

Баженов благодарно обнял жену:

— Уж ты, Груша, известная позолотчица — и в черной ночи луч солнца найдешь. Дело было в том, что императрица свой гнев лично на мне сорвала, на моей работе. Ей уж были представлены бумаги, взятые у масонов, и могла быть найдена моя записка о разговорах с наследником в Гатчине. Я был в ее руках, но предать суду меня было нельзя, не бросив всенародно тень на самого Павла. К делу Новикова меня не привлекли, но моя карьера русского зодчего была загублена.

Баженов вдруг побледнел и покачнулся.

Воронихин сильной рукой подхватил его. Вместе с встревоженной Аграфеной Лукиничной отвели его в спальню. Через несколько минут Воронихин вышел и сказал обеспокоенному Росси:

— Ничего опасного, ему только необходим покой. Я тут на ночь останусь, в случае чего доктор в двух шагах, а ты, Шарло, иди домой.

Карл вышел. Предрассветная тьма поглотила его. Он прошел прямо к Неве. Хотя она еще была скована льдом, но уже не было в нем зимней прочности. Особая, предвесенняя мягкая сырость шла от реки.

Карл глубоко задумался, не замечая бегущих часов. Перед ним только что раскрылась жизнь человека замечательного, и он ярко понял, что каждый рожден как бы начерно, условно названный "человек", но по-настоящему больше это имя каждому надо еще заслужить. По праву назовется им не за то только, что растет, множится, умирает, а лишь когда найдет дело своей жизни и вольет в это дело всего себя, всю свою энергию, отдаст ему свое неповторимое, неотъемлемое лицо...

И еще думал он, что, может быть, необходимо судьбе разбить человеку все, что зовется "личное счастье", чтобы он опирался на эти развалины, как на трамплин, для необходимости прыжка в нечто большее своей эгоистически личной природы.

Из великих личных страданий выросли в великих художников Данте, Микеланджело, Леонардо.

И как бы мог справиться со своей горестной судьбой гениального зодчего Баженов, чьи замыслы остались лишь в чертежах, и обломках, если бы он не перевел уже свою лучшую силу творца в область совершенного бескорыстия, не превратил ее в источник вдохновения грядущих за ним...

Но тут же Карл ощутил величайший протест против этой горестной судьбы Баженова. И со всей страстью нерастраченных юных сил и сознанного дарования он поклялся себе, что добьется своего, оставит после себя не только проекты, но всё задуманное выполнит.

В эту лунную мягкую ночь, полную ожиданий весны, Карл до рассвета бродил по великому городу, глубоко принимал его в душу с его великолепными зданиями, уже вознесенными над Невой, и с дворцами и домами новыми, которым, он уже знал наверное, даст когда-нибудь жизнь и воплощение не чья иная — его творческая сила.

Карл не заметил, как дошел до старого деревянного театра Казасси. Придворное ведомство его купило и переименовало в Малый. Карл остановился. В прояснившем небе далеко взором обвел пространство. Мечты охватили его: этот старый театр снести, возвести новый, великолепный в своей гармонии. Перед парадным фасадом с колоннадой развернуть до проспекта партерный цветник, а сзади театра — полукруглую площадь, как в парижском Пале-Рояль, окружить ее сводчатой галереей.

Долго в воображении Карл раздвигал пространство, создавал великолепному зданию своей мечты достойное его окружение.

Совсем посветлело небо, ожил ранний занятой люд. Открылся на Неве последний неопасный проход. Серо-голубое тающее небо над адмиралтейской золотой иглой, бледно-желтый с белым орнаментом чудесный фасад — как дивно открыта гармония сочетания красок. Эти тона, эта роскошная простота должны быть неотъемлемы от петербургского зодчества.

Глава десятая

Имя Маши, которую, как это теперь было в моде, князь Игреев одарил новой, звучной фамилией — Яхонтова, появлялось все чаще в афишах, все хвалебней были о ней отзывы ценителей, и даже проскользнуло в газетах, что Психея, которую она как-то танцевала, заменяя больную мадам Гертруду Росси, в ее исполнении получила новую прелесть и свежесть.

Гертруда рассердилась и в присутствии Карла безобразно кричала, что Маша никак не Сильфида, а всего лишь хитрая змея, которая хочет завладеть ее лаврами, и отказалась давать ей уроки. Бедная Маша была в отчаянии. Она в Карле искала поддержку, робко надеясь, что он ей устроит свидание с Митей. Но Карл и сам давно не видал друга и чувствовал, что тот намеренно его избегает. Так оно и было.

Митя, никогда раньше не задумывавшийся о том, что он был рожден крепостным и если бы не доброта дяди-литейщика, то, вероятно, навеки остался б рабом, сейчас болезненно переживал это обстоятельство. Никем не оскорбляемый, здоровый, красивый юноша, он до горестного события, связанного с утратой любимой невесты, был бессознательно эгоистичен, счастлив и полон надежд на будущее благодаря сразу признанным способностям и легкой удаче в живописи.

Все, что пришлось ему испытать из-за Маши, довело в несколько месяцев ум его и чувства до внутренней зрелости.

Тысячи мыслей, одна рождаемая другой, мучили его теперь, не находя себе разрешения и ответа.

Страстное возмущение рабством, которым была полна неистовая книга Радищева, хранившаяся у него как святыня, стало постоянным его состоянием. Легче всего Мите было теперь в доме Воронихина. У него к Андрею Никифоровичу появилось чувство, похожее на обожание, за то, что он был тоже рожден крепостным, немало претерпел унижений на своем пути, но все победил и стал таким могучим человеком. Благодарен был ему и за отношение к его горю как к своему собственному, чего не мог он ожидать от Карла Росси, при всей его дружбе.

Родным стал Мите и смышленый мужичок-самокатчик, который с необыкновенным спокойствием и уверенностью в успехе мастерил свое мудреное орудие освобождения —

удивлявший всех самокат. Чем ближе узнавал его Митя, тем сильней поражал его необыкновенно умными, насмешливыми суждениями прирожденного наблюдателя.

Сегодня Артамонов и Митя опять должны были обойти, как говорил Воронихин, "невольничьи рынки" в поисках подручного, хорошего слесаря, которого они всё еще не нашли. Прежде всего оба двинулись к Синему мосту на Мойке, где перед великолепным дворцом Чернышева кишел народ. На скате у самой реки было пестро от людей, закусывавших и отдыхавших в ожидании подходящего наемника.

Кое-кто после хмельной выпивки крепко спал просто на камнях. Эта площадь была главным местом купли-продажи, найма и обмена.

И кого только тут не было! Олонецкие пильщики с отливавшими синью, на совесть разведенными пилами чинно стояли целой артелью, как войско с особым видом оружия. Ярославские маляры, тороватые говорливые мужики в фартуках, сидели при своих ведрах с целым набором больших кистей; кисти малого размера они аккуратно засунули за свои голенища. Ямские кучера в синих суконных армяках, подпоясанные красными кушаками сразу под мышками, казавшиеся оттого великанами, степенно гуторили, выхваляя друг перед другом отличные стати жеребцов, прошедших через их руки, и богатых господ, которыми сейчас гордились, забыв, как те их драли на конюшне.

Ямские эти как бы держались без помощи ног — на одних лишь туго простеганных ватных армяках, доходящих до земли. И так велика была их важность от привычки надменно покрикивать на пешеходов с высоких козел, что и сейчас ни один не удостаивал разговором сновавшую вокруг мелкоту вроде садовника с лейкой и мальчишек-парикмахеров, взаимно завивших друг другу головы бараном, чтобы нанимателю стало наглядным их высокое искусство.

Только появление дородной кормилицы, в расшитом кокошнике, богатых бусах и лентах привлекло внимание извозчиков. Все они на нее обернулись, а один даже выкрикнул одобрительную оценку ее дородству:

— Король-баба!

Но кормилица, сопровождаемая строгой женщиной в темном, которая оказалась свекровью, только тихо плакала и просила старуху:

— Уж вы, матушка, бога ради, моему Ванюшке молочко-то водой не разводите! Вы ему целенькое...

— Сыт будет, не твой первый на рожке выпоен, — ворчала

старуха, а ты смотри, не больно-то реви. Хорошие господа уважают мамок приятных, да чтобы к родному своему дитю не тянулась...

Лакей, прогнанный за беспробудное пьянство, прихорашиваясь и глядясь в карманное зеркальце, сказал:

— Хорошие господа завсегда имеют в себе бесчувственность. Они этого не потерпят — чтобы убиваться. Им которая из ваших сестер поумней обязательно соврет, что ребенок ее помер, хотя б он и жил.

— Ванюшка чтоб помер! — завопила мамка и, грозно наступая на лакея, ко всеобщей радости осыпала его отборнейшей бранью.

Под общий веселый хохот лакей поспешил скрыться в толпе.

— Вот она — взаправдашняя-то жизнь, — глянул самокатчик на Митю, — в хоромах сидеть — вовек правды не узнать.

К ним подошел, поздоровался Павел Иванович Аргунов. Он сюда пришел в поисках штукатуров для Фонтанного дома. Рассказали ему про мамку...

— Этим еще не так плохо, — знающим тоном сказал Аргунов, — они уже обломались в городе, и ночлег верный есть. Вот пришлым плохо, тому, кто впервые сюда залетел оброк барину собирать. Все-то ему чужаки, все звери, всякого-то он боится. Ну и ловят их, сердешных, за грош! Чиновники на это дело особые мастаки. Наймет девчонку одной прислугой, да и навалит весь дом ей на плечи.

— А нужда-то мужичка из избы гонит, — сказал самокатчик. — Хлеба до весны редко где хватит, весной иди в кусочки, побирайся.

Внезапно поднялась в толпе брань, перешедшая в крики, а вот уже стали стеной, засучили рукава одни на других — и пошли в кулачки.

— Это подрядчики со старостами, выбранными обществом, никак в драку вступают, — пояснил Артамонов. — Наниматели больно ценой их прижали, а у старост еще и к рукам с этой платы прилипнуть должно. Даром все норовят мужицкий труд взять. А ну-ка, пойти разузнать...

Самокатчик и Аргунов пошли к гудящей, как улей, толпе. Митя же оцепенел на месте, наблюдая, как подошедший к пожилой женщине чиновник, словно лошадь, осматривал ее сына, подростка-паренька; он отворачивал ему губу, считал зубы, пока мать его безмолвно плакала.

— Не от нужды наши господа продают — от излишка, —

скороговоркой расхваливал паренька доверенный от хозяев. — Больно много этих недомерков у нас в вотчине наплодилось, девать их некуда! А он парнишка тихий, еще вовсе не поротый, — тараторил приказчик, — и в комнатах хорошо обучен и при гардеробе, он на все руки вам будет. В придачу, ваша милость, и матку его берите — тоже кухарка за повара.

Чиновник, оглядев женщину тем же глазом барышника, угрюмо сказал:

— Была да вся вышла, ты б еще мальчишкину бабку мне сватал. — Чиновник стал не торопясь платить за мальчика.

Митя, конечно, знал, что такие сцены происходят ежедневно на вот этой самой площади, да и в книге Радищева довольно было примеров жестокой продажи людей. И все же, когда чиновник вместе с приказчиком стал из объятий матери вырывать парнишку, Митя не выдержал и, подбежав, крикнул;

— Звери вы — не люди. Хоть попрощаться дайте да адрес ваш скажите, чтобы мать сына могла навестить.

— А нам материнских визитов не потребуется, неизвестный молодой человек, — язвительно сказал чиновник. — Себя же вы успокойте, беззаконных дел здесь не производится. А коли вы законами государя императора недовольны, уж это будет иной разговор, и на вас мы найдем управу.

Митя, вне себя, заладил одно:

— Обязаны дать ваш адрес, обязаны!

Подоспевший Аргунов отвел его за руку и шепнул:

— Молчи, они сейчас будочника позовут и такое обвинение на тебя состряпают, что не обрадуешься. И чего ты своим криком добьешься? Ведь они в своем праве. Лучше пусть Артамонов пойдет тихонько за чиновником и своими глазами увидит, где тот проживает. Парнишкину мать, наверное, в отъезд продадут, и необходимо, чтобы она не потеряла своего сына из виду.

Самокатчик тем временем шушукался с матерью мальчика и, узнав, где она живет, обнадежил ее насчет сына, подмигнул Мите и, как ни в чем не бывало, потихоньку пошел следом за чиновником, уводившим паренька, да так хитро, что тому было невдомек. Митя упорно остался ждать возвращения Артамонова, отдав плачущей кухарке все, что при нем было. На эту историю в толпе и внимания не обратили.

Как улей, все взбудоражены были победой плотницкой артели, которая не пошла в кабалу к нанимателю, устояла и нагнала себе цену.

Оброчные со всех концов России прибывали сюда все

новыми партиями. Были тут землекопы из Белоруссии, ярославские штукатуры, печники, галицкие плотники...

— Эй, чухлома! — кричали кожевникам, неразлучным с особым кислым дубильным запахом. — Пойдем на кулачки, погреемся, пока покупатель не клюет, — подступали веселые саечники-хлебопеки к мрачным мужикам.

— Пошехонье, — пренебрежительно отвечали кожемяки, — да рази такой это час, чтобы в кулачки иттить? Эх, неправильный вы народ!

Ростовец-огородник, указывая на победителей, позавидовал:

— У этих всегда прибыточные дела будут, потому — ловкачи-москвичи!

— Павел Иванович, — сказал Аргунову Митя, — ужели этот народ, который, как скот, набирают на работу и содержат еще хуже скота, неужели он никогда не взбунтуется?

— А Пугачев? — вопросом ответил тихо Аргунов. — Сообрази он тогда свернуть вместо степей на Москву — может быть, о крепостном рабстве только понаслышке б и знали. Да и помимо Пугачева бывали дела... Недалече ходить при матушке-царице, в тысяча семьсот восемьдесят седьмом году, богатый подрядчик, купец Долгов, руководил работами по облицовке гранитом набережных Фонтанки и учинял ужасные притеснения находившимся при строении. И вот, помнится, осенью выборные четыреста человек от четырех тысяч двинулись к Зимнему дворцу с челобитной. Они кланялись до земли каждой фрейлине, высунувшейся из окна, по невинности принимая ее за царицу, — много над этим смеялись в свете, слыхал от Шереметевых. Ну что же, сколько-то челобитчиков схватили под караул за "учинение скопа и заговора", только про них и слыхали. Видом они были от горя и нищеты — краше в гроб кладут, тоже заговорщики! Да, Митенька, — закончил печально Аргунов, дорого плачено за гранитные набережные, за красоту города Санкт-Петербурга. Кровью да потом народными.

Особый интерес был у Мити к судьбе продававшихся крепостных женщин, потому что невольно гвоздила мысль: вот такова была б участь Маши, не пойди она на посулы князя Игреева. Аргунов и о крепостных женщинах мог в подробности рассказать. Кроме продажи по газетным объявлениям рядом с борзыми и дорогой сбруей, были невольничьи женские рынки и в центре города и в преуютных прицерковных двориках. Искусницы разного рода рукоделий ценились подороже, черная рабочая девка шла вовсе дешево.

Рассказал Аргунов и про более затейливые способы сбыта девушек с рук. Так, одна шереметевская знакомая, именитая барыня, отобрав самых пригожих девочек, обучила их танцам и музыке и продала за большой куш предпринимателю "веселого заведения".

— За одной такой — Анетой звали ее — я долго следил, — невесело сказал Аргунов, — дважды ее в карты проигрывали, переходила из рук в руки, пока особо злому издевателю не попала. Заколола его, а потом и себя... Гордая была.

У Мити злобно промелькнуло в голове: а Маша не закололась, в балете Сильфидой порхает!

И желая услышать от Аргунова какое-либо косвенное осуждение поступка Маши, в надежде хоть немного разрешить свою сердечную боль, Митя с раздражением спросил:

— Заколоть оскорбителя с пьяных глаз сумела, а заработать на выкуп честно — пороху не хватило? Если она танцы и музыку знала, могла бы в оброк отпроситься.

— Так ее и отпустят! Еще мужчину туда-сюда, да и то пока барина каприз не прошел. А не то, хоть европейским портретистом считается, домой отзовут, и, бывает, в лакейскую. А непокорливый нрав — на конюшню. Нет, брат, крепостному с талантом впору петлю на шею либо водку глушить. А девка коль хороша, один путь — в канареечки. Хоть золотой клеткой потешится. А в оброк — не слыхал, чтоб пускали... Наши Шереметевы — наилучшие из господ. Уж эти и разбогатевшему оброчному вовек не скажут: сам ты весь мой, значит, и деньги твои — мои. Эти чужого не отберут, напротив того: "Пользуйся своим миллионом на здоровье, — сказал наш граф одному богатею, принесшему его за себя в выкуп, — а вольной тебе не дам. Своих денег у меня довольно, а владеть тобой, богачом, мне только лестно".

— А как же Шелушин, шереметевский крепостной, получил вольную? — поспешил спросить Митя.

— А за что? За анекдот веселый. Тысячу раз прав наш сибиряк-самокатчик: хохотком да прибауткой, а не честью надо господ брать, всего они объевшись, их только на пряное тянет. А с Шелушиным вышло так: неоднократно просил он отпускную, уже известный богач. Уперся наш — на что тебе воля? Что я, богатеть тебе мешаю? Да на здоровье! И вот какая оказия вышла, привез как-то Шелушин в подарок графу устриц бочонок и тут нежданно-негаданно свою фортуну прямо за косы и схватил. Как раз в этот день у графа на Фонтанном доме парадный ужин предполагался, а в устрицах нехватка. Во всем городе, как назло, нет и нет. Шумит граф, у метрдотеля требует

— вынь да положь. А тут и принесло к нему оброчника-богатея. Граф ему: вот просил ты у меня не раз вольную; слово мое — отпущу, добудь только нынче к ужину устриц. А у богатея в прихожей — готовенькие. Выкатил он молча бочонок — получайте, ваше сиятельство! Граф тут ему в обмен — свой подарочек. На том самом бочонке и вольную написал.

— То-то я не дурак, что свой самокат затеял, — усмехаясь, сказал недавно подоспевший Артамонов, — не я буду, если мой самокат не обернется тем бочонком с устрицами...

— В добрый час сказано, — потряс ему Аргунов руку, — я уж и сам тебя к слову помянул. Ну, узнал адресок?

— До самой калиточки довел, теперь только маменьку-кухарку порадовать. Она тоже помещена к некоей старушке, видать не окончательно лютой, и по пути к сыну живет. Проведаю ужо обоих.

— А сейчас пройдемте на Неву, душно мне здесь, — сказал Митя.

День был чудесный. Зима опять перебила начавшуюся было оттепель, но морозец стоял небольшой, сухой при ярко-синем небе.

Остановясь на мосту, залюбовались городом и его дальними перспективами.

— Весело тут летом, — тряхнул Митя светловолосой головой, как бы отгоняя тяжелые впечатления, дня, — часами, бывало, стою тут и любуюсь на гребные команды, особливо юсуповские. Те, что на длинных веслах, идут по Неве, а коротковесельные — по каналам. Гребцы разукрашены, как в сказке: великолепно по краскам — вишневые куртки, шитые серебром, на шелковой белизне рубах, шляпы с перьями, ну просто Венеция. А в лодках музыканты, роговая музыка чистейшего звука, как-то уносящая от земли...

Аргунов зло рассмеялся:

— А каково музыканту, создающему это неземное впечатление, хоть раз пришло тебе в голову? Участник рогового оркестра должен каждый навеки свистать одну и ту же свою известную ноту. Утратив всякое человеческое достоинство, иные из них, слыхивал я, не без гордости величают себя уже не своим именем, а исполняемой нотой; я нарышкинское "до"...

— А сколько палок на таком обломали, пока обмозговал он свою ноту! — сказал самокатчик.

— Да ты сам много ль бит? — хлопнул его по шхеру Аргунов.

— Маху дали, — ухмыльнулся сибиряк, — я сызмальства увертливый. Хоть и сказано: душа божия, голова царская, спина барская, — свою спину сумел сберечь. Бывало, возьмут мальчонкой в форейтора. Свалиться — беда: если лошадь не потопчет, на конюшне запорют. Так я старших просить надоумился, чтобы меня ремнями привязывали к седлу. Сомлеешь, бывало, а свалиться — не свалишься. Болтается голова, как кочан на ветру, случалось, водой отливали, зато розгой нет, не трогали. Ну, однако ж, мне пора и честь знать, за разговорами свое дело забыл. Пойти засветло подручных себе подыскать. Ведь из-за того парнишки я утренних всех упустил.

— Сейчас иди искать только на Вшивую биржу, на угол Владимирского, — сказал Аргунов, — там обжорный ряд торговлю раскинул, и все полдничать кинулись. На пирогах их настигнешь; кто лихо ест, тот, известно, лих и в работе.

Самокатчик пошел было, что-то вспомнив, вернулся, подошел к Мите, внушительно сказал:

— Нынче вечером к Андрею Никифоровичу приди, Митенька, он мне строго наказывал. Чтобы обязательно...

— Да уж приду, — отозвался Митя.

Его опять захлестнула тоска, и еще горшая, чем поутру. И странная детская злоба на Аргунова — зачем не дал и минуты отдыха, опять повернул мысли на оборотную, мрачную сторону восхищающей чувство красоты. Он раздраженно сказал:

— Дивлюсь на вас, Павел Иванович, так вы беспощадно крепостное зло видите, а хоть бы одного барина уложили?

— Совсем было раз собрался, да вовремя одумался, — неожиданно поведал Аргунов.

— Сибири устрашились?

— Не столько Сибири, сколько бессмыслицы такого занятия: одного барина убьешь, другой на его место станет.

— Расскажите, Павел Иванович, как было дело, — устыдившись себя, серьезно попросил Митя.

— Невеселый рассказ, хотя живописный в смысле картины наших помещичьих нравов. Взял меня как-то граф к своему соседу-приятелю — вместо заболевшего художника ему для спектакля домашнего занавес написать. Занавес написал, а декорации не поспели, и лес пришлось изображать, так сказать, домашними средствами. На подмостках тесно уставили мальчиков с кудрявыми березками в руках — чудесный издали молодняк. В этом лесочке, по тексту пьесы, появились охотники и медведь. Актер-медведь, завернувшись в мохнатую полость саней, взревел и, согласно замыслу автора, пошел на охотников. А барин-хозяин тихонечко своему датскому догу как шепнет: ату его! — и спустил с цепочки. Дог — на медведя, впился клыками, тот ревет благим матом, березовый лес вмиг попадал, ребята врассыпную. Крик, слезы, у медведя кровь ручьем... А я рядом с барином с большим молотком стоял, уйти не успел — последние гвозди в декорации заколачивал. Вот как все заревут, а барин — ну хохотать, у меня сама собой рука с молотком поднялась. Из последних сил удержался, чтобы его по голому черепу не хватить Эх, — вздохнул Аргунов, — что за толк в бунтах и убийствах? Запорют — и вся недолга. Раньше срока не повернешь это дело.

— А срок этот будет когда? — спросил гневно Митя.

— Обязательно будет, — строго и веско ответил Аргунов, — только увидим ли мы с тобой — не скажу. Но времечко стукнет.

Воронихин, не говоря о причине приглашения, звал Митю для того, чтобы показать ему законченный им портрет Маши. Он близко принимал к сердцу ее печальную историю и то, как тяжко и бесповоротно осудил ее Митя. Он решил с ним об этом поговорить.

Когда Митя вечером вошел в просторный кабинет Воронихина, он с отеческой лаской усадил его рядом с собой на широкий диван и умело заставил рассказать не только про зрелище "невольничьих рынков", но и про всю ту бурю негодующих чувств и гневных мыслей об ужасе крепостничества, которые оно вызвало.

— Вот теперь по всей справедливости и суди бедную Машу, — сказал Воронихин, беря Митю за руку, — посмотри-ка ее портрет.

Воронихин подошел к мольберту и поставил на него большой подрамок, который стоял перевернутым к стене.

Митя опешил: если б можно, он убежал бы, не взглянув на портрет, но Воронихин подвел его ближе, спросил:

— Ну, как ты находишь, похож?

Воронихин поднял зажженный канделябр, и боковой свет мягко упал на вдохновленное большим талантом и вместе с тем бесконечно печальное лицо Маши.

Нервное напряжение всего этого дня было велико, и сейчас Митя не выдержал: он повалился на диван и зарыдал.

Воронихин бережно, как все понимающий старший брат, обнял Митю и, крепко сжимая его руку, сказал:

— Если по-прежнему любишь Машу, все будет хорошо. И горе ваше пройдет, едва она получит свободу.

Митя мигом пришел в себя и спросил с изумлением:

— Но разве не куплена ее свобода ценой нашего счастья? Разве не совершилось непоправимое? Ведь Маша — фаворитка Игреева.

— Нет, — сказал Воронихин, — и, я надеюсь, ею не будет.

Князь Игреев, всем пресыщенный, в этом своем новом сердечном капризе желает, чтобы угодить государю, предстать рыцарем. Всем, кроме того, вскружило голову известие, что Шереметев женится на бывшей своей крепостной. И сейчас, согласно модному капризу нашей знати, князь объявил Маше, что будет ждать от нее любви свободной, по склонности сердца.

— А вольная?

— Вольная действительно имеется, но не у Маши в руках. Игреев взял меня и мать Карла Росси в свидетели, что им совершена формальная отпускная, и он нам ее издали с дьявольской улыбочкой показал. Но при этом прибавил, что испытанию его сердца положен целый год: если Маша в течение этого времени не "снизойдет" к его нежности, то ее вольную он разрывает, а она из балерин может быть разжалована хоть в скотницы. Но дела, кажется, могут повернуться к лучшему. Пока ты, Митя, в тоске всех нас избегал и никому не верил, мы оказались неплохими кузнецами твоего счастья, — любезно улыбнулся Воронихин.

Митя страшно побледнел:

— Этот сиятельный негодяй при вас выговорил свои чудовищные условия, и вы его не убили? Не дали ему пощечины? Ну, так это сделаю я. Я убью его как собаку...

Митя вне себя рванулся куда-то бежать. Воронихин почти насильно усадил его рядом с собой на диван.

— Если бы я убил Игреева, — сказал он, — меня бы сослали в Сибирь, а Маше навеки быть крепостной. Если сейчас убьешь ты его, будет то же самое. Но вот пока ты с незаслуженным гневом отвернулся от несчастной невесты, об освобождении ее взялись хлопотать другие... Ты же должен одно — повидаться с Машей, вдохнуть в нее новые силы, надежду. Она чахнет, здоровье ей заметно изменяет. Она просто на глазах сгорает. Искусство — единственное, что дает ей забвенье той большой муки, которую терпит она ради тебя. И может случиться то, чего уж, конечно, ты не желаешь. Через год, когда, надеюсь, свободы мы для нее добьемся, ей она уже не будет нужна.

Митя, впервые забыв свою боль и желая понять только состояние Маши, с беспокойством спросил:

— Больна она? Как ей помочь?

— Об этом позаботятся разные люди с разными личными побуждениями, но, к твоему счастью, направленными к одной цели — вырвать возможно скорее из рук Игреева Машину вольную. Люди эти: твой друг Карл Росси, его мать, знаменитая балерина, и некая высокопоставленная девица Тугарина.

— Катрин, — воскликнул изумленный Митя, — она-то как здесь?

— Имей терпение дослушать, — учительно, как обычно, остановил Воронихин. — Росси движим чувствами благороднейшей дружбы и бескорыстным восхищением перед Машей, его мать Гертруда полна бешеной актерской зависти к своей ученице, которая нежданно выросла в ее соперницу. Сын уверил свою тщеславную мать, что едва Маша получит на руки вольную, она бросит сцену и уйдет с тобой куда глаза глядят, подальше от Игреева. Ну, а третье заинтересованное в этом лицо, Катрин Тугарина, недавно усмотрела в князе Игрееве самую для себя блестящую партию, и выходя за него замуж, очищает свой будущий дом от соперниц.

— Вы уверены, Андрей Никифорович, — сдерживая дыхание, спросил Митя, что, как сказал своей матери Карл, действительно Маша готова совсем бросить сцену и уехать со мной? — С надеждой и страхом смотрел Митя в умное, сильное лицо Воронихина, привыкшее сдерживать свои чувства и скрывать мысли. — Умоляю вас, одну чистую правду.

— Я скажу тебе эту правду, Митя, — твердо ответил Воронихин. — Если бы Маша в порыве долго таимого чувства и бросила ради тебя свое искусство и сцену, она бы вскорости стала так же заметно хиреть, как мы видим сейчас, когда она живет одним лишь искусством, лишенная твоей любви. И то и другое необходимо сочетать. Но как — пока я не вижу возможности. Как только Маша лишится протекции князя, она в театре окажется у разбитого корыта. Завистницы ее заклюют, и карьера ее как балерины окончена. Все они там держатся связями или имеют очень прочное положение, а она новенькая.

— Значит, остается мне самому завоевывать себе положение, чтобы не лишить Машу возможности делать любимое дело, не заглушить своего дара. Но как? Где? Ума не приложу.

— Мне кое-что пришло в голову, Митя, — осторожно сказал Воронихин. — Сейчас ко мне придет один, по-моему, очень тебе нужный человек; ты послушай-ка, что он расскажет, а потом и поговорим.

— Загадками говорите, Андрей Никифорович, ума не приложу, кто может быть этот человек.

— Если я скажу тебе, что зовут его Иван Петрович Дронин, что он военный и состоит при Суворове, это ничего тебе нового не прибавит, не правда ли?

— Суворова я высоко почитаю, но к военному делу у меня влечения нет, все-таки путь мой в Академию. Только на днях решил я идти не на архитектурное отделение, а на живописное: думаю, у меня способностей к этому больше.

— И я так думаю, — одобрил Воронихин, — и это обстоятельство как нельзя более кстати для того, что я для тебя придумал. Однако немного терпения.

Воронихин указал на часы:

— Иван Петрович человек военный, как сказал — не опоздает.

И действительно, вошедший слуга доложил о приходе майора Дронина.

— Проси прямо в кабинет.

И Воронихин оживленно пошел гостю навстречу.

Дронин был человек, по возрасту годившийся Мите в отцы. В жизни у него случилась тяжелая драма: жена, которой он слепо верил, обманывала его с ближайшим другом. Дронин, вызвав оскорбителя на дуэль, убил его, а жена через некоторое время повесилась. Отсидев за дуэль в крепости, он отправился к Суворову в армию с надеждой в первом же деле с турками найти свою гибель. При взятии Измаила он отличился необыкновенной храбростью и умением вести за собой людей, был тяжело ранен и высоко награжден. Суворов его особенно отметил, посещал во время болезни, узнал всю его печальную историю и сумел так на него повлиять, что встал он с больничной койки новым человеком, думающим о победах русского оружия, а не о смерти. С тех пор Дронин сопровождал обожаемого полководца во всех боях, не оставил его и в ссылке.

Сейчас он временно приехал в Петербург хлопотать о своей отставке, чтобы иметь возможность уехать в Кончанское и быть полезным тому, кого в душе своей звал — благодетель навеки и отец.

Однако окончательные шаги для выхода в отставку внезапно приостановило известие, облетевшее все военные круги, о том, что государь весьма милостивым письмом вызвал Суворова из Кончанского.

Сегодня он узнал радостное дополнение к слухам: что государь получил от австрийского императора предложение отпустить Суворова принять командование над союзной армией в предполагаемом итальянском походе против Наполеона.

Дронин не сомневался, что Суворов примет предложение, отмахнув в сторону все нанесенные ему Павлом обиды. Давно он с волнением следил за успехами Бонапартовой армии и горько сетовал, что он не у дел, а бездарные полководцы не могут дать острастки "далеко шагнувшему молодому человеку", как именовал он первого консула. Дронин, конечно, решил следовать за своим полководцем и, переживая вторую молодость, как после измаильского дела, стал, в нетерпеливом ожидании приезда Суворова, готовиться к походу в Италию. С Воронихиным его связывало то, что он был ему земляком, происходя из мелкопоместных дворян Пермской губернии. Посетив как-то знаменитого зодчего по просьбе родных его по матери, оставшихся жить в деревне, соседней с именьицем Дрониных, майор пленился всей душой своим замечательным земляком и уже при каждом своем приезде в Петербург его навещал. Ушедший с головой в свое военное дело, Дронин в общении с Воронихиным находил большое обогащение для ума и всех чувств. Взаимным обменом впечатлений был доволен и любознательный Воронихин. Кроме того, с тех пор как он принял близко к сердцу несчастье Мити, у него возник некий план в связи с энергичной личностью майора.

— Вот познакомьтесь, Иван Петрович, с моим юным другом Митей Сверловым, рекомендую — способный художник.

Майор ласково потряс несколько растерянному Мите руку, шумно и весело стал говорить Воронихину о том, сколь он счастлив сбираться в итальянский поход и не сегодня-завтра встречать дорогого фельдмаршала.

Митя подумывал, как бы ему приличным образом улизнуть: он особенно дичился военных, почитая их за светских людей, которые преимущественно обращают внимание на костюм и манеры, но, прислушавшись к тому, что говорил майор, скоро перестал помышлять об уходе.

Воронихин спросил, точно ли верны слухи о вызове Суворова из ссылки, и майор с восторгом приводил собранные им подтверждения, что от императора австрийского прислано письмо с предложением фельдмаршалу командовать союзной армией.

— Однако для Суворова будет тут плохо, — сказал Воронихин, — придется ему из австрийских рук смотреть.

— Посмотрит он, черта с два, — вспыхнул обидой майор, — да разве ему не привычно без австрийцев дело решать? Он баталию на один собственный страх любит вести. Было дело в восемьдесят девятом, разгромил он турецкий фланг и решил фронт переменить. Нам сказал, австрийцам же ни гу-гу, вот обиделись! Зато баталия без проволочек — победная. И посмеяться над ними умеет. Под тем же Рымником набрали мы турецких пушек. Австрийцы вцепились к себе, а наши, натурально, — к себе. Как обычно, наш старик в самую гущу ввинтился, кричит: "Нашли о чем спорить! Дари, ребята, все пушки союзнику, где ему, бедному, еще взять! А мы себе получше добудем". Хохочут ребята: давись, Австрия, турецкими пушками.

Майор хохотом, словно громом, наполнил чопорный кабинет Воронихина, всем стало весело.

— Суворов ни в чем общему порядку не следует, так осудительно говорят про него при дворе, — заметил Воронихин, то-то загнали его в Кончанское. Без своего дела давно сидит...

— Да не усидел, — подхватил майор, ему вот семьдесят стукнет, а помоложе-то никого, чтобы русское войско прославить, когда час пробил. Сам государь в карман гонор спрятал, на все суворовские причуды сквозь пальцы глянул — вызывает ведь.

— По всему, что я слыхал про Суворова, — вступил наконец и Митя в разговор, — он, помимо гения воинского, и крепостью характера невиданный человек. Откуда только свою силу берет! Невелик, слаб здоровьем...

— А духом-то? — прервал Дронин и всем существом своим выразил восхищение. — Наш Суворов духом гигант. Во славу России воюет, и весь народ, как земля, его держит. Сам-то, конечно, здоровья хилого, худ, невелик — воробышек некий, однако ни жара, ни мороз его не берут. Насмотрелись мы в походах — всем пример. Закалил он себя, не жалеючи, — вот и сила его. И в солдатской любви. Не шпицрутеном — своим сердцем он солдатское взял, то-то в его руках тысяча штыков десятка тысяч стоит. А почему? Из дерева высечь искру умеет и получает огонь и пламень. У других же полководцев, особливо на прусский манер, живой солдат в дерево обращен. Еще в давности когда он под Кунерсдорфом воевал, хорошая, говорит наш фельдмаршал, вышла школа на чужих ошибках. "Насмотрелся я там Фридриховых правил, с которыми он чуть Пруссию не упустил. И создал понемногу свои правила, навыворот прусским". И что же, спрошу вас, воспоследовало?

Майор — небольшой, крепкий — круто, как ядрышко, вертелся в кабинете, перебегая от Воронихина к Мите, дополняя жестом пламенность чувства.

— А воспоследовало от применения суворовских правил следующее: военная служба у всех — пугало, а у Суворова служить — превеликое счастье. Он отец-командир, и семья при нем выходит одна, военная. Каждому она — родной дом. У пруссаков не семья — точный механизм часовой. Заведен — идут часы, но человек из солдат вовсе выхолощен. Истинно тупозрячие. А у Суворова каждый станет героем, потому сам он истинно герой и до себя всех подымает...

Майор подошел к Воронихину, с трогательным доверием сказал:

— Ну, кто я был, когда к нему попал после вам известной моей несчастной истории? Как узнал, что жена моя себя порешила, ведь поехал я на турецкий фронт одной только смерти искать. А нашел-то благодаря ему не смерть, а воскресение из мертвых. Кисель я был, недоросль балованный, от первой в жизни беды распустил слюни. Суворов — отец он мне оказался — от себя самого спас. Мои растрепанные силы к новой, благородной и мне доселе неведомой цели собрал. Мозги мне своим примером прочистил, до сознания довел, что нельзя весь смысл в своем курятнике полагать, когда родина твоей доблести ждет...

— И вы под Измаилом дрались? — с загоревшимися глазами спросил Митя.

— А как же, я тогда несколько другим человеком стал. Разжег нас Суворов неприступную крепость эту забрать. А Измаил-то рвом широченнейшим окружен — в глубину не мал, водой все полнехонько. А над рвом этим вал, сажени в три. Нукась, перемахни. Гарнизон турецкий стянут с окрестных все крепостей, и приказ дан с угрозой — долой башку, коль сдадут. Над гарнизоном наилучший ихний паша — Акдос-Мохмет. А как на нас в Европе смотрели: не взять нам Измаила, не быть России великой державой. Решающая баталия. А у нас ни осадной артиллерии, ни войск. Большинство — казаки — не тем сильны, чтобы крепости брать. Но раз невозможное дело совершить надлежит, кого выбирать? Суворова. Потемкин что-что, а приказать умел: атаковать Измаил, взять! Осмотрел неприступную крепость наш старик вдоль и поперек, отвечает Потемкину: обещать нельзя. Однако сам, между прочим, не медля ни минуты, к штурму готовится. Ну, в подробности вдаваться не стану, до завтра мне не кончить, как начну. А в краткости скажу, вспомня главное; созвал Суворов совет, объявляет: хоть Измаил неприступен и гарнизон нас сильней, однако я решил его взять либо сложить свою голову под его стеной. И на рассвете предложил штурм... И ведь до чего бедовый старик, — любовно рассмеялся майор, — сераскиру еще послание закатил: "Прибыл Суворов брать Измаил. Двадцать четыре часа на размышление — воля. Первый мой выстрел уже неволя. Штурм — смерть". Затем преспокойно объехал полки, со всеми вел свой короткий суворовский разговор, после которого ему все как богу поверили и в победу полную уверенность возымели. То есть сомнения ни малейшего, чародей он, ей-богу. Спокойно колоннами войска ко рвам подошли, и фашины свои во рвы побросали, и лестницы как надо подставили, и на вал взобрались. И в ответ на бешеную защиту турок с "фурией необычайной", как любил он выражаться, накинулись на врага. Как про это дело вспомню, так в ушах и стоят: "Ал-ла!.. Ур-р-ра!.."

Майор закричал во всю богатырскую глотку, забыв в своем увлечении, где находится. Двое слуг испуганно вбежали в кабинет. Воронихин только махнул им с улыбкой рукой, и, поняв, что господа забавляются, представляя войну, они чинно удалились. Майор, ничего не видя, продолжал свой рассказ:

— Со всех сторон к вечеру прорвались в Измаил колонны наши и зажали турецкий гарнизон. Комендант-паша убит, из конюшен вырвались бесноватые тысячи жеребцов, буря, адский огонь, безошибочный суворовский бой. Измаил наш. Свершилось дело, по аттестации самой императрицы, "едва ли в истории где находящееся". Кем совершено? Суворовым.

— Однако Екатерина даже фельдмаршала ему за него не дала... — начал было Воронихин.

Но майор, вытирая вспотевший лоб белым платком, взмахнул им, как флагом, прокричал:

— Интриги... зависть. Такова участь величайших благодетелей человечества — одарять его бескорыстнейше. А в смысле мелком, житейском, причина такова — большие обиды светлейший князь от Суворова терпел. В языке наш несдержан. Не однажды высмеивал Потемкина за леность, пиры и роскошество. Особливо утомил тот его вялостью, как расселся перед Очаковом и ни с места. Суворов и пустил известное всем словцо: "Одним поглядением крепостей не берут". Донесли. Еще и стишок он пустил: "Я на камушке сижу, на Очаков я гляжу" — донесли. А после Измаила, своего неслыханного геройства, Суворов окончательно Потемкина оборвал. Тот ему сверху вниз, как со всеми привык говорить: "Чем могу я вас наградить?" А наш-то в ответ с изумлением: "Вы меня? Да ничем. От одного господа бога себе жду награды..." Дождался. Вместо фельдмаршальского жезла и почета его в Финляндию почти на штатскую службу государыня упекла. Однако все же Суворову было легче в Екатеринино царствование, чем сейчас. Царица его хоть не любила, да ценила, а Потемкин кое в чем одного с ним мнения насчет солдата был, что для Суворова важнее персонального к нему фавора. Потемкин облегчение солдату в амуниция сделал — "солдатский туалет таков, что встал да готов". А ныне-то: шагистика, фрунт, коса, шпицрутен,

Сибирь... За непризнание таковой науки и посажен в Кончанское. Ну и отрубил он, как на камне вырезал, свой приговор подобным свыше распоряжением: "Строгость от прихоти есть тиранство".

— Что старое поминать, дорогой Иван Петрович, — примирительно сказал Воронихин, — сами говорили, сейчас Суворов опять вознесен будет. Опять понадобится России.

— И как бы мог не понадобиться, ежели он первейший полководец и первейший по качеству человек? — с гордостью и чувством закончил Дронин и, вдруг глянув на стенные часы, смешался. — Ах, батюшки, у меня ж свидание важное по поручению фельдмаршала. А я столь задержался...

— Из-за него же и задержались, — улыбнулся Воронихин. — Это простительно; будь я помоложе, после вашей блистательной ему аттестации непременно просился б к нему волонтером.

— На своем месте и вы, Андрей Никифорович, первейший хозяин, что ни построите — на мраморной доске надлежит написать золотыми буквами, потомкам на память.

Крепкий, подвижной как ртуть, Дронин попрощался с Митей и Воронихиным рукопожатием сильной руки, словно передавая свое здоровье и свежесть чувств. Он позвал их обоих зайти к нему как-нибудь на днях посмотреть какой-то необычайной масти жеребца, интересного для живописной картины, и ушел быстрым военным шагом.

— Понравился тебе, Митя, мой земляк?

— Очень понравился, — улыбнулся Митя, — хандру он снимает. Повеселело, словно с ним вместе лесной воздух ворвался.

— А ты обратил внимание, Митя, на главную часть его рассказа, что таковым он совсем раньше не был, напротив того, аттестовал он себя погибавшим от разбития личной судьбы. Ведь это не кто иной, как Суворов его воскресил...

— Не пойму, куда вы клоните, Андрей Никифорович, — насторожился Митя, — ведь не в волонтеры же мне проситься к Суворову?

— Почему бы и нет, — сказал Воронихин своим приятным, слегка наставительным голосом, — если пребывание в его войсках превращает недоросля, разбитого жизнью, в отлично свинченного, нужного человека, каким оказался Иван Петрович Дронин. Еще сходим к нему, присмотрись. А то порекомендую тебя как подходящего художника, им в походах весьма будешь кстати. А случится опасное дело — от него не откажешься, — ты ведь, знаю, не трус. За время же твоего отсутствия, надеюсь, Маше добудем свободу, ко всеобщей радости. Ты можешь вернуться прославленным, с новым совсем положением. Чем судьба не шутит? — Воронихин взял Митю за руку. Подумай-ка.

— А ежели буду убит, либо хуже того — изуродован?

— Я с судьбой не привык торговаться, — суховато отозвался Воронихин, по мне всего лучше тут эти слова: "Либо пан, либо пропал".

— Андрей Никифорович, простите, ежели дерзок покажется мой вопрос: я слышал, задача масонского ордена — создание высшей породы людей, лучших, чем обычные люди... Но как, в таком случае, члены подобного ордена терпеть могут рабство? Прошу вас, скажите, многие ли отпустили на волю своих крепостных?

Воронихин нахмурился. Митя попал в больное его место.

— Один Гамалея отпустил, — сказал он угрюмо, — один из всех нас он роздал свое имущество отпущенным на волю всем крепостным и остался гол как сокол. Последователей не нашлось.

— Но сейчас, Андрей Никифорович, во что сейчас вы верите?

— Только в лучшие будущие времена, — ответил со всей серьезностью Воронихин. — Не скоро, но таковые настанут. А сейчас вашему поколению надлежит самих себя создавать, людьми делаться такими, которые достойны будут принять новую, лучшую жизнь. И еще раз, Митя, совет: с твоей разбитостью, оставшись здесь, ты никуда не выберешься. Судьба предлагает тебе нежданную помощь — великий и доблестный пример человека, у которого слова не расходятся с делом. Воспользуйся не колеблясь.

Митя благодарно взглянул на Воронихина.

— Вы — как отец мне, Андрей Никифорович.

Глава одиннадцатая

Денщик Прохор, вдруг отрезвевший после обеденной выпивки при виде лихой фельдъегерской тройки, свернувшей к дому Суворова, ворвался к нему в комнату и испуганно прошептал:

— Фельдъегерь жалует...

Суворов сильно побледнел, забилось сердце, и в голове пронеслось: дождался.

— Открыть ворота! — приказал он.

И, не забыв заложить закладку, вышитую крестиком дочкой Наташей, на оборванном чтении любимой книги о деяниях Петра Великого, он прошел к теплой печке и стал прямо, словно во фрунт, прислонясь спиной к расписным изразцам.

Суворов недавно послал государю просьбу о разрешении идти ему в монастырь. Он был истомлен вынужденным бездействием ссылки, тоской и обидой на Павла, которому не мог помешать калечить на прусский образец любимое войско. "Каждый солдат мне дороже себя, — говорил, не скрываясь Суворов, — а у нас он подчинен ныне прихотям и тиранству. За солдата я кого угодно себе воздвигну врагом".

И воздвиг — самого императора.

— Покажет, он мне тихую обитель в сибирской тайге, — шептал Суворов, ожидая фельдъегеря.

Но вторично распахнулась дверь, и, улыбаясь восхищенно, Прохор возвестил:

— Обознался я. К нам генерал Толбухин приехали!

— Проси, проси... — И Суворов сам кинулся в прихожую.

Толбухин был одним из немногих приятных ему генералов, присылка его в Кончанское означала царскую милость. Не изгнание, а почет.

В передней обнялись. Сбрасывая на руки Прохору, теперь уже опьяневшему от счастья, обширную волчью шубу, которую не прошибают никакие морозы, сановитый Толбухин, уважительно поклонившись Суворову, произнес:

— С великой вас честью!

Войдя в горницу, он вручил большой пакет с царской печатью.

— Его императорского величества собственноручное вам письмо!

Суворов сломал печать и прочел послание Павла: "Граф

Александр Васильевич! Теперь нам не время рассчитываться. Римский император требует вас в начальники своей армии и вручает вам судьбу Австрии и Италии. Мое дело на сие согласиться, а ваше — спасти их. Поспешите приездом сюда и не отнимайте от славы вашей времени, а у меня удовольствия вас видеть".

— Пригодился Суворов! — усмехнулся фельдмаршал. Глаза его загорелись веселым лукавством. — В монахи-то, пожалуй, мне отложить?

— Это Питт, английский премьер, предложил вас союзной армии, — сказал Толбухин, — а министр австрийский Тугут, слыхать, упирался. Боятся они вас, однако пришлось уступить.

— Тугут! — воскликнул Суворов, и слабый румянец вспыхнул на его тонком лице, где, как на лице Вольтера, ничего не было лишнего, мертвого, не выражавшего силы, мысли и воли. — Сия сова или сошла с ума, или его никогда у ней не было! Засел в своем гофкригсрате и оттуда, за сотни верст, мнит управлять своей армией. То-то французишки бьют их. И не зря они меня боятся: я ихнего венского кабинета слушать не стану. И персонального себе профита австрийцы пусть не ждут от меня — я им не каштанный кот из огня каштаны таскать!

— Наши войска, согласно союзному договору, двинуты против Франции... — осторожно начал Толбухин, но Суворов быстро прервал:

— А коли двинуты — о чем и говорить? Теперь только нам побеждать во славу оружия русского! А сие возможно, ежели воевать будем по-русски, а не как нынче обучены все Тугутовы да и наши — по-прусски. Когда я молод был, мы Фридриха бить ходили, и аттестовал он нас так; московиты суть дикие орды. Зато после Кунерсдорфа редакцию изменил: этих русских, сказал он, можно всех до единого перебить, но не победить. А не он ли кричал, не помня себя, когда проиграл баталию: "Ужели для меня не найдется пули?"

И с обидой, заново вспыхнувшей, за свое возлюбленное войско, замученное павловской муштрой, Суворов выкрикнул:

— Ежели русские всегда били прусских, что ж и перенять нам у них?

Поужинали рано и пошли на покой. Выезжать надлежало на рассвете.

— Проша, — сказал, словно робея, Суворов, — ты бы у старосты в долг раздобыл. Путь-дорога нам дальняя, а у фельдмаршала денег-то...

— В кармане вошь на аркане — известное дело, — докончил Проша и пошел к Фомке-старосте.

Достал двести рублей.

Всю дорогу Суворов погружен был в глубокую думу. Лицо его, пленявшее быстрой сменой выражений, как бы замерло. Большие веки прикрыли зоркие глаза, он весь ушел внутрь себя. Он готовился к великому бою... Несмотря на большой соблазн предложения Австрии, он твердо решил взять командование союзной армией только в том случае, если Павел не свяжет его никаким обязательством следовать в предстоящем итальянском походе его прусским затеям.

В свою очередь и Павел немало волновался, ожидая Суворова. Прежде всего он боялся, что строптивый старик не поедет вовсе, и что же тогда с ним прикажете делать? Сейчас, ввиду внимания к нему всей коалиции, не ссылать же его, в самом деле, в Сибирь?

Со все растущей обидой вспомнил Павел, как в последнем свидании тщетно уламывал фельдмаршала вступить вновь на службу; как на разводе, куда Суворов был им приглашен, единственно из уважения к нему солдат пустили "в штыки", а Суворов развода не досмотрел и уехал раньше его, императора, явно придумав зазорный предлог: "Помилуй бог, схватило брюхо!" Припоминал Павел, шагая взад и вперед по опостылевшему покою Зимнего дворца, из которого все еще не удалось переехать в Михайловский замок, и все уже ставшие поговоркой народной издевательские словечки Суворова над введенной им формой одежды, над косой, треуголкой и пудрой. И как при встрече с ним Суворов нарочно не мог вылезти из дверцы кареты: все будто путался в ней со своей шпагой нового образца под приглушенный хохот придворных.

"И какой только силой этот старик побеждает, воюя противу всех воинских правил?" — с досадой спросил себя Павел. Тут же с радостью вспомнил отзыв завистливого царедворца, услышанный им намедни: у Суворова не искусство военное, а чистый натурализм, сиречь — случай, безумие, счастье. Однако сей натурализм немалую нам снискал победу при матушке — под Рымником Суворов побил с двадцатью пятью тысячами сто турецких, а при Козлудже с восемью нашими вражеских сорок.

Павел подошел к высокому готическому шкафу, вынул старую книгу в кожаном переплете и сел в кресло. Он раскрыл Сен-Мартена на главе "О священной иерархии" и прочел знакомые страницы, которые неизменно подкрепляли его веру в свое высшее право и значение.

Выходило, что монарх — орудие самого бога, и на нем,

после помазания на царство, как на лице духовном, почиет благодать.

"Коль скоро я не самовольно на троне, как моя покойная матушка, гордо думал Павел, — я самим рождением моим поставлен над всеми, то сим правом обязан воспользоваться. Более того: обязан настаивать, хоть бы с применением силы, на исполнении воли моей".

А воля Павла была выражена еще в той записке, которую, будучи наследником, он подавал Екатерине о необходимости ограничить людей, от фельдмаршала до рядового, столь подробными на все инструкциями, чтобы ни мысли собственной, ни самоволия иметь не могли.

Тем более сейчас больная душа его находила недостающую ей опору в механичности порядка, доведенного до того предела, где и лишний вздох становится проступком.

А строптивый фельдмаршал, ему не раз доносили, во всеуслышанье объявлял: "Действуй неустанно собственным разумом — будешь жив, человек!"

Усилием воли Павел отогнал от себя распалявшие гнев воспоминания о Суворове. Сейчас все-таки самое главное — чтобы он приехал.

Наконец бешено примчавшийся курьер, предваряя фельдъегерскую тройку, привез известие, что фельдмаршал вот-вот прибудет в Петербург.

У Павла отлегло от сердца — не посмел ослушаться! Но тут же привычная подозрительность влила свою отраву:

"За легкими лаврами старик поспешил, думает, за горами мне его не достать. А ну, как разложит он мне самовольством всю армию? Досмотр за ним нужен, досмотр..."

И Павел велел призвать к себе генерала Германа.

Недаровитый, старательный служака, этот генерал, всем подтянутым видом отвечавший требованиям Павла, изобразил на тусклом лице своем одну готовность слушать и исполнять.

Павел сказал:

— Венский двор просил меня начальство над союзными войсками вверить графу Суворову. Предваряю вас, что вы будете все время его командования иметь за ним наблюдение и соответственно делать доклады об оном. Не допускайте его увлекаться своим воображением, заставляющим его забывать все на свете.

— Ваше величество, — оторопев от испуга, сказал Герман, — но фельдмаршал ведь всемирно прославлен победами, и ему шестьдесят девять лет...

— Нет ему возраста, — оборвал Павел, — а его своеволию нет предела. Исполнять, что приказано!

Доложили Суворова. Павел, сильно волнуясь, сделал несколько шагов на середину покоя. Суворов вошел.

Обычная легкость его существа, от усилившейся худобы и болезней стала какой-то невесомой, крылатой. Казалось, он освобожден от всей земной тяжести и, если захочет, может взлететь. Гармоничность его быстрых мелких движений и соразмерность всех членов создавали впечатление отлично подогнанного легчайшего механизма, вместе с тем не хрупкого, но обладающего гибкой крепостью стали.

От нервного возбуждения сейчас особо подчеркнут был мускул правой щеки, чуть змеилась улыбка. Его глаза, широко раскрытые, синие, полны были такого зоркого огня, такой превышающей силы, что Павел вдруг смешался и не знал, что сказать.

Суворов поклонился согласно этикету, но заговорил первый:

— Ваше величество! Во славу моей родины приношу жизнь мою и все мои знания. Но слушаться гофкригсрата, — воля ваша — не стану! За тысячу верст невозможно баталией руководить. Одна минута решает исход. Один час — успех кампании. Один день — судьбу империи. Коли я полководец — сам действую, сам решаю; сам отвечаю.

Павел сделал еще шаг к Суворову и внезапно для себя самого вдруг сказал;

— Воюй как умеешь...

Очень скоро Суворов уже несся в дорожной кибитке в Вену с неизменным своим спутником, денщиком Прошкой.

После прощальных возлияний с приятелями Прохор мирно похрапывал, а Суворов никак не мог успокоиться на кожаных подушках сиденья: то он вскакивал, наклоняясь вперед, как бы стремясь еще ускорить бег коней, то, взобравшись высоко, говорил сам себе:

— "Воюй как умеешь" — вот это дело! Ну и повоюем же мы...

Прохор проснулся и ворчливо сказал:

— И мягко, кажись, вам и тепло. Чего еще требуется? А человеку из-за вас не вздремнуть.

— Торжествуй, Проша, — Суворов хлопнул денщика по колену, — первая наша победа одержана. Как в поход тронемся, окаянную косу всем прочь!

— И дело, — согласился Прохор, зевая, — давно б ее крысам сожрать.

Митя уехал с Дрониным вслед Суворову. Он виделся с Машей перед своим отъездом на плацу Коннетабля после развода. Случилось так, что Павел как-то, внезапно обернувшись, увидал смотревшую на развод Настеньку Берилеву, лично известную ему балерину. Вместе с подругой она прибежала сюда к своему воздыхателю на свидание, но государь пришел раньше обычного и, подбежав к балерине, грозно спросил: "Вам что здесь надо, сударыня?"

— Ваше величество, мы пришли любоваться, влекомые красотой сего военного зрелища, — окунаясь в придворном реверансе, сказали обе подруги.

Павел улыбнулся, и назавтра императорский балет получил приказ ежедневно присылать наряд балерин присутствовать при разводе, если он столь сильно их восхищает. Немало досталось от подруг Настеньке Берилевой. Однако воля государя священна, и несчастные балерины, проклиная разводы и парады, принуждены были вставать еще раньше, дабы не явиться после государя. Пока Гертруда была заступницей Маши, ее не назначали на это досадное дежурство, но едва стало известно, что положение ее заколебалось, тотчас ее зачислили в список "разводных" балерин. Митя узнал, что Маша должна быть в "наряде", и поторопился увидеть ее по дороге домой.

Маша была предупреждена Митиной запиской о том, что ему необходимо ее повидать. Сильно волнуясь, она незаметно отстала от подруг, обещавших скрыть от надзирательницы ее недолгое отсутствие, и села на скамью под одну из древних елизаветинских лип, только что скинувшую зимний снег и особо отчетливо на бледно-голубом небе выделявшую сложный рисунок черных ветвей.

Воронихин рассказал ей, что Митя счастлив, узнав про ее действительные отношения с князем Игреевым. Но Машу это не обрадовало, как можно было бы ожидать. Ее гордость была задета, и сейчас, ожидая Митю, она, несмотря на счастье опять увидеть его, говорить с ним, горько думала о том, сколько примеси самолюбия в мужской любви.

— Ты меня простила... пришла? — сказал незаметно подошедший Митя, опускаясь рядом с ней на скамью и беря ее за руку. — Отчего же я должен был узнать от других, а не от тебя самой, что ты не состоишь в фаворитках Игреева? — с нежным упреком вымолвил Митя, вглядываясь жадно в похудевшее, но ставшее еще прекраснее лицо Маши.

Маша, слегка покраснев, сказала:

— Судьба моя и сейчас на волоске; как и раньше, я завишу

от прихоти князя. На мое счастье, он стал увлекаться Тугариной, а у нее расчет — за него выйти замуж. Но все может опять измениться. Словом, счастья со мной я тебе не могу обещать, — сказала она со своей особой грациозной улыбкой, но фавориткой княжеской я не стану, в этом теперь можешь быть уверен, жизнь для меня уже потеряла заманчивость.

— А искусство? Оно ведь ревниво, ему надо всем жертвовать, — горячо спросил Митя, пытливо смотря в ее умные, усталые глаза.

— Если нельзя будет мне проявить это искусство, не замаравшись в грязи, — я и без сцены могу обойтись.

— Безмерно люблю тебя, Маша. Прости меня, прости, — и Митя, охваченный горьким раскаянием, целовал Машину руку, — разреши мне, как раньше, считать тебя моей нареченной невестой. И когда я вернусь, мы женимся, Маша.

Маша быстро повернулась, спросила в волненье:

— Ты уедешь? Куда и зачем?

Митя рассказал ей о знакомстве с майором Дрониным, о совете Воронихина, о все растущей своей уверенности, что ради грядущей их судьбы ему необходимо сейчас уехать в армию.

— Я боюсь за себя, если останусь здесь, — сказал, побледнев, Митя, — я дольше не могу вынести этого ужасного ожидания, я убью Игреева или себя. Если бы мое присутствие могло помочь тебе, Маша...

— Нет, — поспешно прервала Маша, — мне будет легче, когда ты уедешь, Митя! Пока я не свободна, нам видеться только мука.

Еще раз Митя встретился со своей невестой у Воронихина, куда пришел и Дронин, очень полюбивший Митю. Он поведал Маше, что считает ее жениха своим младшим братом и в случае какой с ним беды немедленно ее известит.

Митя и Дронин догнали Суворова в Митаве, где он на некоторое время остановился. В этом городе поселен был сейчас Павлом бежавший из Франции брат казненного короля, претендент на французский престол — Людовик Восемнадцатый. Представляться Суворову явились все придворные чины и в ожидании его появления занялись пересудами на его счет. Опасались, не явится ли старость помехою для снискания ему новых лавров, а России — победы. Некто, недалекого ума, позволил себе через переводчика допрашивать Прошку, какие именно медикаменты употребляет его барин, чтобы от дряхлости не дремать на коне?

— Пусть у него самого спрашивают, — велел переводчику ответить Прохор, — он им покажет кузькину мать! — И, найдя маловразумительным свой ответ, добавил еще несколько русских слов.

Последние, как и "кузькину мать", переводчик перевести не сумел. Прохор не настаивал и отправился к фельдмаршалу с докладом:

— Ответь, батюшка, им по-свойски.

— Сейчас, Прошенька, я отвечу, — согласился Суворов, и не успел тот ахнуть, как фельдмаршал, широко распахнув обе двери приемной и представ перед парадными мундирами в одном нижнем белье, громогласно возгласил:

— Суворов сейчас начнет свой прием!

Дамы в обморок: он в одном нижнем! Мужчины возмущены: выжил из ума, он погубит армию... Прохор сел на пол и гоготал:

— Ерой наш фельдмаршал, чистый ерой. Такого не было и не будет. Он врага в штык возьмет, он портками дуракам рот заткнет.

Митя был глубоко растроган, когда в Вильно, где стоял любимый суворовский Фанагорийский полк, к Суворову от имени всех солдат обратился гренадер Кабанов и просил его взять с собою весь полк в Италию.

Суворов, который особенно любил своих фанагорийцев, тоже расчувствовался, но принужден был отказать, потому что только один государь мог дать просимое назначение.

Митя чувствовал себя как бы вновь рожденным в чьем-то здоровом, молодом, налитом бодростью теле. Порой сердце ныло при воспоминании о Маше — не затаила ль обиду? Не груб ли он для ее гордого нрава со своей ревностью? Не нужно ли было еще раз повидаться? "Нет, — прерывал он себя, каждая встреча — новое страдание. Суждено быть вместе — мы будем. А нет — отрубить лучше сразу..."

И Митя, кроме необходимых зарисовок, указываемых ему Дрониным, сначала — чтобы забыться от непосильной тяжести, но вскоре увлекшись самим делом, упражнялся так усердно заодно с молодыми солдатами, что Суворов, узнавший от Дронина его историю, как-то сказал ему:

— А ты, братец, как будто не столь Аполлону, как нашему Марсу привержен? Что же, в атаку возьмем.

— В обозе не спрячусь, — ответил весело Митя.

Дронин все сильнее привязывался к Мите, найдя в нем себе нежданное обогащающее дополнение. При всей бурности темперамента Дронин души был простой и бесхитростной, а жажда Мити найти разрешение вопросов, которые ему и в голову не приходили, и занимала его и вызывала в нем уважение к молодому другу.

Митя жадно выспрашивал Дронина о предстоящей кампании, об отношении австрийцев к Суворову и скоро составил себе ясное понятие о новом, военном мире, куда попал нежданно-негаданно, как во сне.

Митя проникался все большей любовью к изумительному человеку и полководцу, которого теперь мог наблюдать своими глазами. Он знал от Дронина, как догадливо определил претендент на французский престол чудачества Суворова: "Это расчет ума тонкого и дальновидного", — и сам, присмотревшись, решил, что определение это правильно; оно было ключом к непостижимому для австрийцев поведению Суворова в Вене.

Кто для гофкригсрата был русский полководец? Чудак, дикарь, не умеющий вести войну по правилам, но которому непостижимо сопутствовала многократно проверенная удача.

Хотя высшая австрийская военная инстанция назначила Суворова главнокомандующим соединенной армии только благодаря настояниям Питта, однако в Вене создали не только внешний почет, но и оказали уважение общеизвестным причудам фельдмаршала.

Во дворце, где он был помещен, занавесили зеркала, для постели ему на узорный паркет, натертый до блеска, принесли охапку душистого сена. Не уставали лицемерно и преувеличенно восхищаться суровым распределением рабочего дня фельдмаршала. Вставал Суворов, как всегда дома, в четыре часа, обливался ледяной водой и в восемь уже обедал весьма скромными яствами. Он не посещал раутов, ссылаясь на нездоровье, так что император Франц, опасаясь нарваться на отказ, Суворова к себе и не пригласил.

Особенно торжествовал Митя, когда слушал рассказ Дронина о том, как явились к Суворову члены гофкригсрата, о котором он говорил обычно, расчленяя насмешливо длиннейшее слово на три составные и сопровождая каждое либо припрыжкой, либо преувеличенно уважительной гримасой:

— Придворный военный совет. Сиречь: гоф-кригс-рат!

Этот вот кригсрат предложил Суворову изложить подробно весь план своей кампании. Фельдмаршал увернулся, объявив, что планы у него появляются только на месте баталии, соответственно создавшимся обстоятельствам. Тогда австрийцы принесли план собственный, где конечной целью кампания намечено было оттеснение французов к реке Адде.

Дронин по секрету поведал Мите:

— А старик наш такой быстрый — хвать карандаш да по австрийскому плану крест-накрест. Закрестил его, как нечистую силу, отошел и, гордо подняв свой хохолок, говорит: "А я только и воевать начну с этой вашей Адды, а уж кончу где бог повелит!" У самого же, ей-богу, давно готов план, только горе-генералам австрийским, которые все битвы пока что проиграли, его поведать не хочет. "Вороны, говорит, они все, хоть и ученые. Поведай я им, а назавтра мой план французы от них же узнают".

Однако при прощании первый министр все-таки ухитрился вручить Суворову несносную инструкцию императора Франца — приказ сообщать в Вену не только действия, но и военные предположения...

— Это сова сумасшедшая, Тугут, натугутил! — фыркнул Суворов. — Они бы еще с луны затеяли руководство боями.

Из Вены Суворов и все русские двинулись в действующую армию. Во власти Суворова были австрийцы под командою старого генерала, "папаши Меласа". Французы двигались с талантливым Макдональдом и нелюбимым солдатами старым генералом Шерером.

Тихоходная австрийская армия под нажимом Суворова сразу преобразилась. Он вдвое увеличил дневной переход, и что русским было привычно, для австрийцев превратилось в пытку. Обувь скоро развалилась, шли босые, неустанно жалуясь на жестокие требования главнокомандующего. Русские же солдаты, освобожденные от ненавистных кос, заметно повеселели и рвались вперед. Пока без боев подошли к Вероне. Французы раздражали своими грабежами население, и потому Суворов встречен был как освободитель: веронцы выпрягли из коляски его лошадей и на себе ввезли в город.

В Вероне Суворов принял командование союзной армией. Дронин усадил Митю с его альбомом так, чтобы он не проронил ни одного выражения необыкновенного лица Суворова, которое во время церемонии приема то и дело менялось. Старый воин генерал Розенберг по очереди представлял ему главных австрийских начальников и всех русских. У Суворова уже о каждом было свое мнение, каждому сделан учет заслуг и дарований, но он сделал вид, будто видит представляющихся ему впервые. Суворов вытянулся нарочно церемонно, словно стоял во фронту, и закрыл глаза. Прозрачные старческие его веки чуть дрожали, порой выглядывал из уголка насмешливый, острый зрачок.

Розенберг называл фамилии людей, не обладавших

особыми дарованиями, тусклых, в лучшем случае усвоивших звание механизированной военной науки, тупозрячих австрийцев, либо гатчинских молодцов, за отличием и чинами поспешивших на войну да попутно чтобы выследить и доложить государю все промахи фельдмаршала против предписанных мелочных правил введенного Павлом устава. Самовольник-фельдмаршал — твердо знали они — как был, так и остался неугоден императору и только в силу необходимости вызван из ссылки на высокий пост: по настоянию Англии, в угоду вспыхнувшему тщеславию самого императора, объявившего придворным, что "русские всегда пригождаются". Пока фамилии называемых Розенбергом людей не вызывали уважения Суворова, он, как бы тихо изумившись, однако явственно, во всеуслышание восклицал:

— Помилуй бог, никогда не слыхал... познакомимся.

Проглотив горькую пилюлю, однако хорохорясь и пряча до подходящей расплаты свою обиду, начальники, поклонившись, шли мимо, а Дронин шептал Мите, увлеченному своими набросками:

— Еще один враг готов... Эх, свалят они его, как злые осы медведя!

Зато едва попадался воин, любящий свое дело, глаза старика загорались горячим приветом. При появлении же молодого Багратиона сам фельдмаршал вмиг помолодел и кинулся к нему с объятиями.

После приема все ждали от главнокомандующего парадной и пышной речи, в которой, как обычно в таких случаях, для поощрения участников возлагаются на них словесно те и другие преувеличенные надежды с перечислением предполагаемых достоинств.

Митя, не однажды слыхавший из уст Суворова, что слова потребны лишь для крайней необходимости, а память должна удерживать лишь то, что говорит рассудок, все же прочее — болтовня, лишний хлам, — оставив свой альбом, вытянувшись за спинами генералов, с любопытством ждал, как сейчас обнаружится Суворов.

А он, пренебрегая важной неподвижностью, которая, по представлению австрийцев, была выражением собственного достоинства, быстрый, легкий, заметался вдруг по комнате, словно наглядно сбрасывая с себя все те лишние, не решающие дела слова, которых, знал он, все от него ждали. И вдруг остановившись, произнес то единственное, что почитал нужным. Говорить лишнее было ему столь нестерпимо, что он просто повторил всему генералитету те руководящие слова, которые уже были им найдены и закреплены в его "Словесном поучении солдатам". Их он и просыпал частым градом на почтительно склоненные головы начальников.

— Субординация, экзерциция, чистота, здоровье, бодрость, смелость, храбрость, победа. И — каждый воин должен понимать свой маневр.

Австрийцы, почитая, что они давно превзошли гораздо сложнейшую военную науку, обиделись и послали в Вену не один донос на самодура-фельдмаршала.

Митя досаждал Дронину своим возмущением австрийцами и восхищением фельдмаршалом, который, невзирая на общее недовольство, приналег на обучение союзников и вдохновенно вдалбливал свою боевую суворовскую азбуку "тупозрячим".

Все реже брал теперь Митя карандаш в руки, все серьезнее упражнялся со штыком. То, что не было первой необходимостью в ожидании предстоящих боев, отодвинулось, стало казаться неважным. Он словно вышел из тяжелой болезни и вновь приобрел утраченную простоту детских лет, когда нет еще груза сомнений, когда поступки предначертаны и ясны.

Около половины марта великий князь Константин выехал в армию Суворова. Он давно порывался на войну, по Павел ему сказал:

— Голицын ведет вспомогательный корпус, состоящий на жалованье у Англии, а корпус Розенберга на таковом же положении у Австрии; я бы не хотел, чтобы русский великий князь стал участником такого похода.

Но вот образовалась суворовская армия, которую льстиво именовали "спасительницей Европы". Она снаряжалась на свои, русские средства, и Павел с особым удовольствием отпустил туда сына.

Константин выехал волонтером с небольшой свитой, главным приставленником к нему был один из лучших екатерининских генералов, Дерфельден. Этот же Дерфельден назначен был Павлом в случае смерти Суворова ему преемником.

Константину было всего двадцать лет. Он рос под торжественной сенью оды Державина, еще до рождения приветствовавшего его как "носителя шлема".

Поэт шел навстречу мечтам императрицы Екатерины — воспитать второго внука императором греческим, почему и ожидало его преемственное имя Константин, уже украсившее двух доблестных императоров. В десять лет, однако, "носитель шлема" еще не умел бегло читать, а когда ему минуло пятнадцать, многотерпеливый великокняжеский наставник Лагарп, указывая Екатерине на всю бесполезность занятий со своим младшим питомцем, просил его уволить от этого дела. И до наук ли было, если шестнадцати лет этот великий князь уже женился. Однако тот же справедливый Лагарп отмечал, что в характере Константина заложены зачатки добродетелей и талантов, превышающие обычный уровень, но недостатки его неодолимо препятствуют развитию сих добрых качеств...

Но если к наукам у Константина было решительное отвращение, скоро он сделался усердным служакою, крайне требовательным и подчас даже жестоким к солдатам своей роты. Унаследованная от отца неуравновешенность и бешеная вспыльчивость доводили его до такого самовластия, что имеющие с ним дело военные высших чинов должны были припугивать его военным судом и собственным родителем, которого он трепетал. Однако, подтягивая самолично ослабевшие ремни ранцев у молодых солдат, не мог воздержаться, чтобы не дать им походя зуботычины...

Этого сына, с одной стороны — отличного выученика ненавистной Суворову гатчинской школы, с другой — обладавшего ничем не укротимым своеволием, Павел, не без тайного злорадства, послал к Суворову, отлично зная, как его присутствие может стеснить главнокомандующего.

Суворов ждал Константина с великим неудовлетворением. Помимо невыгодного личного впечатления, он помнил отрывки из записок сего "носителя шлема", где выступала вся его убогая военная философия, совершенно противная основным положениям суворовского "Словесного поучения солдатам".

Константин полагал, что "причуда" начальника должна сделать своего подчиненного слугой, который может быть "употреблен на всё".

Великий князь, как и недавно приехавший Суворов, остановился в Митаве, где его угощал парадным обедом брат казненного короля и где с французским остроумием ему рассказаны были пресмешные вещи про Суворова, которого он тайно боялся.

Выход Суворова в одном нижнем белье, с молниеносной сменой его же и появлением в полной парадной форме, для наглядного опровержения старческой дряхлости, — пленил Константина, и показалось ему в глупой заносчивости, что его собственное самодовольство чем-то сродни причудам главнокомандующего. И если Суворову лестно было доказать перед нарядной приемной, что он не мокрая курица, а орел, он оценит и ту безоглядную храбрость, которую он, царский сын, собирается проявить.

На последней станции перед Веной великого князя встретил его родной дядя, герцог Вюртембергский, губернатор Вены. Он с ужасом рассказал племяннику про все капризы фельдмаршала, напугавшие австрийский двор: как он во дворце сделал себе сеновал и как повел образ жизни, более приличный настоятелю монастыря, нежели полководцу, имеющему общение с коронованными особами.

Константин хохотал:

— Это он нарочно, чтобы показать, что ему на всех вас наплевать...

Однако ему было лестно, что сам он ежедневно обедает с императором во дворце, что русский посол Андрей Разумовский в его честь устраивает в своем великолепном доме на Пратере рауты, концерты, что когда он появился в театре, то был встречен вставанием и единодушными рукоплесканиями.

И мало-помалу потерявшему голову от почестей Константину стало казаться, что главнокомандующий армией не только один Суворов, но и он сам не менее важен.

Он было собрался пожить в веселой Вене, но Дерфельден заторопил его, пугая, что Суворов так скоро порешит, по своему обыкновению, с врагами, что на долю великого князя и побед не оставит. Взбалмошная голова Константина полна была одним желанием отличиться, и, оставив Вену, он явился в корпус генерала Розенберга, который находился вблизи Валепцы.

Узнав, что около Валенцы большое скопление французских войск, а сам город сейчас для общего плана войны брать неважно, Суворов предписал Розенбергу срочное отступление. Только что появившийся Константин, считая, что подходящий случай ему прославиться наступил, стал требовать атаки Валенцы. На Розенберга он подействовал насмешкой:

— Вы привыкли служить в Крыму, там были спокойны и неприятеля в глаза не видали!

И старый генерал, как тщеславный мальчик, ослушался главнокомандующего и пошел на французов.

Константин рвался вперед без оглядки и чуть было не погиб в реке. Благодаря его запальчивости и малодушию генерала бой при деревне Бассиньяно был проигран. Русские совершенно зря потеряли около полутора тысяч человек и два орудия.

Суворов был в ярости. Он послал вторичный приказ

отступить с собственной отметкой Розенбергу: "Сие немедля исполните или подлежите военному суду".

Розенберг, гонимый превосходными силами французов, отступил в беспорядке, и Суворов принужден был сам поспешить ему на помощь.

Все ожидали, как встретит Суворов великого князя, который должен был после проигранного боя явиться к нему.

Суворов встретил Константина, строго соблюдая предписываемый в сем случае этикет. Он вышел к нему навстречу, склоняясь, быть может несколько подчеркнуто, ниже, чем следовало.

Константин, выглядевший гораздо старше своих лет, коренастый, словно налитый тяжестью, раскаяния и страха не проявлял. Он только против обыкновения не сутулился, а напряженно выставил голову, будто собирался бодаться своими дремучими, кустистыми бровями цвета спелой соломы.

Суворов впустил великого князя и собственноручно запер за ним дверь. Быстро оглядел, не задержался ли где Прошка подслушивать, и близко подошел к Константину.

— Легкую захотели себе, сударь, победу? — гневно начал он и на попытку великого князя что-то ответить с такой силой не то что крикнул, а напротив того, прошептал: — Молчать! — что Константин оробел. — Легкую победу, да нелегкой ценой! Уложил зря полторы тысячи человек. Солдат дорог! — крикнул Суворов. — Забота о чести русского оружия, забота о людях, кои вам вверены, — вот долг. А вам? Что вам, сударь, доступно?

Суворов отошел и вдруг подбежал так близко, что вытянувшийся по швам Константин заморгал часто-часто рыжими ресницами и его большие голубые глаза непроизвольно налились слезами.

Суворов, как бы бросая круглые камни в тихую воду, сказал, отчеканивая каждое слово:

— До сей поры вам свойственна была лишь строгость по прихоти, то есть — тиранство. Вместо истинной военной науки вам известны: бахвальство, шагистика, фрунт... А что солдата губить — негодяйство, вы об этом когда-либо думали? На всю жизнь за солдата ответ. Нельзя, государь, жить негодяем, ежели именуетесь — человек!

Не страх, лишавший всех чувств, как это бывало при гневе родного отца — императора, не то позорное чувство собаки, которую убить может хозяин, нет, нечто расширяющее душу, нечто вдруг вызывающее ее лучшие качества ощутил Константин перед этим невысоким, словно бы тщедушным человеком, который, не боясь ответа, немилости, Сибири, говорил с ним, царским сыном, как власть имеющий.

— Да будет вам стыдно от упреков собственной совести, — приказал Суворов, и Константину стало стыдно, хоть провалиться.

Впервые, потрясенный, ощутил он, что кроме грубой физической силы, которую он так ценил в других и которой гордился в самом себе, была еще и сила превосходнейшая, источником которой были ум, сердце, благородство воли.

— Простите... — прошептал Константин и заплакал. Голова его низко склонилась. В размягченной душе пронеслось: "Вот если бы батюшка был таков, и я б стал иной".

Суворов поспешно опять подошел, чуть коснулся жестких, крутых, рыжеватых волос Константина и совершенно другим, большой доброты отеческим голосом вымолвил:

— Запомни же... навсегда.

Суворов открыл дверь и, как при встрече, изгибаясь в придворных поклонах, оказывая Константину как великому князю подобающую честь, провел молодого человека с заплаканным лицом несколько шагов вперед. Затем, повернувшись к свите великого князя, стоявшей в испуганном изумлении, с тихой яростью отчетливо вымолвил:

— А вы? Да ежели в другой раз не удержите, на расправу вас всех к государю! Что, ежели б великого князя взяли в плен? Невыгодный заключать мир с французами? А если бы, помилуй бог, убили? Мне ли его переживать? А кто кампанию выиграет? То-то! Мальчишки...

Глава двенадцатая

Новая большая работа, как всегда, вызвала величайшее напряжение сил Баженова, но здоровье уже было плохо, и угнетала мысль, что и этой, последней большой работе предстоит та же участь, которая постигла его великие неосуществленные проекты.

Головокружения с потерей сознания наступали все чаще, тоска глушила последние надежды. Все чувствовали, что близок конец его многострадальной и доблестной жизни.

Но сколь ни были готовы к этой мысли, когда второго августа 1799 года паралич сердца вызвал внезапную смерть Василия Ивановича, горе преданной Грушеньки было безгранично. У Воронихина, кроме скорби от утраты великого друга, открытой раной осталась обида против злого рока, как бы положившего заклятие на все завершения гениальных начинаний Баженова.

— С его смертью в Академии, конечно, все будет по-старому, — сказал с горечью Воронихин, входя вместе с Карлом в свой кабинет.

Они только что вернулись с похорон. Без особого приглашения Карл безмолвно пошел за Андреем Никифоровичем, — так само собой вышло, что сейчас им невозможно было разлучиться.

— Осиротели мы, — вырвалось у Карла.

— Когда большой человек умирает, сила и воля его как бы прилагаются сознанию тех, кто их способен принять. В них продолжится его творческая жизнь. Вот оно — бессмертие.

Воронихин сказал эти слова строго и властно, и Карл невольно склонил голову.

— И самое главное, запомни, Шарло, — положил Воронихин свою руку на плечо Карла Росси, — запомни золотые слова Баженова при закладке Кремлевского дворца: "Думают некоторые, что и архитектура, как одежда, входит и выходит из моды, но как логика, физика, математика не подвержены моде, так и архитектура..." Цивилизации возникают и рушатся, верования, которые питали веками человечество, заменяются новыми или исчезают совсем. Роковыми в жизни каждого человека являются разочарования, утраты, непосильное утомление бессмысленной пестротой жизни. На что устремить взоры? Где незыблемость, а с ней необходимый покой? Я разумею, Шарло, — продолжал

Воронихин, по своему обычаю при волнении начав ходить вдоль комнаты, — не тот сонливый, бездельный покой, в который легко впадают старики и ленивцы, а божественный покой творца, необходимый для новых зачатий. Зачинать и рождать — от форм простейших до тех, несущих благодеяние всему человечеству, вносящих в мир новое, — есть первейший из законов земли. А обладать творческим покоем — первое условие для выполнения этого закона. И вот, Шарло, что хотел Баженов выразить, передать потомству как помощь, как опору в личной судьбе и работе, когда он сказал: "Архитектура, как логика, физика, математика..."

— И есть та незыблемость, которая утешает, дает питание не только уму, но и сердцу! — восторженно докончил Росси. — Я это сам знаю с детства, Андрей Никифорович, только не сумел бы так выразить, как вы сейчас. В больших огорчениях я, бывало, раскрывал геометрию, — доверчиво признался он, — и, как от созерцания Акрополя или картины да Винчи, великий покой исцелял мое горе.

— И всех людей, дорогой Шарло, надлежит нам этому научить. Получить от искусства не только радость для глаз, но вот эту опору в жизни, эту отраду мысли в незыблемом. Тем более что выбранное нами с тобой искусство архитектура — есть искусство всенародное. Послужим ему достойно, по примеру великого Баженова.

— Вот и справили мы ему поминки, — сказал растроганный Росси.

— А теперь, Шарло... — Воронихин замялся. Твердые глаза его затуманились. — После этих поминок, которые должны вызвать в нас все лучшее и сильнейшее, я хочу сказать тебе одному печальную весть.

— О Мите? — воскликнул Карл. — Неужто убит?

— Митя не убит, но тяжело ранен в сраженье под Нови. Вот его последние рисунки, присланные Дрониным для тебя и Маши. Прочти письмо майора, посмотри весь пакет. Оставлю тебя одного...

Несколько больших рисунков акварелью и тушью были вложены в тетрадь, исписанную крупным почерком майора Дронина. Это были его пояснения к рисункам Мити, с подробностями передающие темы зарисовок. Начиналась тетрадь письмом к Воронихину:

"Андрей Никифорович, друг и благодетель, слов моих нет, чтобы выразить мое горе: Митеньке, названному брату моему, преславному художнику нашему, в сраженье под Нови оторвало ядром правую руку. Укрытый почтенным русским тамошним жителем, Митя в конце концов был доставлен в наш госпиталь. Сии рисунки его, последние в жизни, просит он передать известной вам Маше и другу своему Карлу Росси. Жизнь Мити вне опасности, но руки нет и нет, чем весьма удручен, но чаятельно мне — он справится. Ибо по богатству души своей не только склонность к искусству имеет, но и великую заботу о людях крепостного сословия: не перст ли это судьбы, вымолвил он намедни, чтобы не быть мне художником, а лишь борцом за обиженных?

Курьер, который передаст вам сей пакет, воротится скоро обратно с рескриптом государя нашему Суворову. Тяжело раненные, среди коих обретается Митя, будут вскорости переведены в доступный посещению городок Богемии. Если Маша захочет, ей возможно туда приехать с упомянутым курьером. Многие жены, переодетые в мужское, уже пребывают здесь при мужьях, хитро укрываясь от ока гнева начальствующих. А сейчас ей и сего укрытия не понадобится... Хотя я Машеньку видел однажды, но столь необыкновенная сила характера заключена в ее привлекательной внешности, что разрешил я себе, старый мечтатель, допустить предположение: благородная Машенька не замедлит пролить бальзам на отчаянное заявление художника, будто для безрукого взаимная любовь — предерзкое самообольщение. Во всяком случае приказал он мне написать, что освобождает невесту Машеньку от данного ему слова. С упованием, что оной свободы она не восхочет, известный вам майор Дронин".

Толстая тетрадка, исписанная крупным почерком майора, адресована была Карлу, и на первой странице ее, вместо вступления, говорилось:

"Юный Митенькин друг и, смею надеяться, в той же мере и мой, обращаюсь к вам с просьбой прочесть лично Машеньке вслух прилагаемые пояснения рисунков Мити. Сами увидите, что выразительность их говорит за себя, но, желая перенести ваше воображение в испытанные нами бои и события, я для верности заношу здесь условия, их предваряющие и последующие, дабы запечатленный Митиным карандашом момент не являлся для вас некоей случайностью. Длинноты рассказа, свойственные немолодому воину на отдыхе (каким я ныне являюсь вследствие обмороженных ног при последнем переходе), скучные для юного слуха, прошу сократить, а грубые выражения, возможно проскочившие без моего ведома в мою речь, усердно прошу заменить выражениями деликатными.

Приступаю к картине первой, где великий наш Суворов, без шляпы, засучив рукава, лезет в воду заодно с понтонерами.

Начинаю повествование со средины апреля... Объявлено общее наступление, и главнокомандующий погнал нас вперед, что на зайца борзых. Ну, всплакались тотчас австрийцы — сия гоньба превышает-де наше достоинство. Сделав принудительный переход некоей речки под проливным дождем, обиделся сам старый п...... Мелас, австрийский главнокомандующий (Машеньке прочтите: "папаша Мелас", выйдет пристойнее, чем многоточие солдатской нашей клички). Доведено было сие роптание до Суворова, и он задирательно отвечал: "Ежели ваша пехота боится ножки мочить, пусть остается в тылу с сухими портянками". Австрияки снаушничали в Вену, фельдмаршал получил замечание и уже без сомненья сказал:

— Видать, мне придется вести тут войну на два фронта.

Однако на реку Адду, не посмотрев на дожди, опять двинул нас круче прежнего. Понтонеры размокли, болеют, чуть тянут мосты. Тут Суворов ка-ак вскочит сам в воду. А Митя — за карандаш и закрепил дело. И ведь не для видимости дал Суворов саперам пример — он лучше их, оказалось, науку ихнюю знает и сметкой всех превзошел. И веселый какой! Известие принесли, что неудачника, старого генерала, сменил блестящий Моро, что, понятно, усилит врага, а Суворову только любо:

— Ту старую перечницу, — говорит, — нам разбивать мало славы, у Моро же лавры позеленей.

И конечно, Моро сразу стал исправлять глупость той старой перечницы стягивать фронт, который тот зря растянул. Однако шалишь, на это Суворов времени не дал. И сколь ни храбры были с новым генералом французы, мы перешли Рубикон... то бишь реку Адду.

А вот момент второй Митиной работы: генералу Серюрье наш главнокомандующий отдает его шпагу и отпускает на честное слово домой (с обещанием, что воевать против нас не будет). Генерал этот был взят с целой дивизией. Обратите внимание, сколь любезно и с тем вместо кусательно говорит ему, протягивая отнятое оружие, Суворов:

— Не могу лишить шпаги того, кто столь славно ею владеет.

Зацепило генерала, ну он петушится:

— Атака ваша была построена на недопустимом в военной пауке риске. Это простой случай, что вы победили.

Вот гляньте на следующий рисунок, как у Суворова от скрытого смеха дрожит все лицо, насмешкой искрятся глаза, а говорит он нарочито казанской такой сиротой:

— Что поделаешь, так уж мы, русские, воюем: коль не штыком, так кулаком. Я еще из лучших.

А вот вам, Карл Иванович дражайший, презабавный случай при въезде в Милан. На главной площади перед великолепием собора, этого белоснежного чуда, завершенного тончайше высеченными из мрамора кружевами, — австрийский старец, папаша Мелас, зарыл редьку (это старое кавалерийское выражение, мнится мне, и при девице возможное). Желая облобызать нашего главнокомандующего за доблестные успехи от лица союзной армии, он, дряхленький, не удержался в седле и, будучи верхом, к своему конфузу перехлестнулся через седло. Это перед своими-то и нашими войсками.

— Помолодел папаша от наших побед, юные годы на память пришли, — смеялись суворовцы, — не унесла бы его обратно кобыла в конюшню.

Это падение "папаши" Митя смехотворно зарисовал, и при всеобщем веселии оно обошло армию. А наш фельдмаршал запустил-таки гофкригсрату в бочку меду свою суворовскую ложку дегтю: "Ваши австрийцы, — написал он, — почти так же хорошо дрались, как наши русские. Ничего, обучатся..."

Если Машеньку папаша Мелас насмешит, просит Митя ей поднести от него на память эту картинку, а уже следующий номер специально вам, Карл Иванович. Извольте выслушать предисловие.

Недолог наш отдых. Опять стремительный разгон по солнцепеку, по совершенно безводной местности. Изнемогаем, изнемогли. А Суворов тут-то и велик. Сам, конечно, вперед, да с шуткой, с прибауткой, с новой затеей; и во сне не увидеть, чем он порой дух взбодрит. Такое придумал, что отстающие так и ринулись к головным. Этот момент Митенька карандашом своим быстрым очень сходственно ухватил. Извольте хорошенько рассмотреть: под лютым зноем, босоногие, загорелые, драные, черти какие-то неистовые, но во все горло орут якобы по-французски:

— Пардон. Жете-ле-зарм. Ба-ле-зарм... Случается, на французском запнутся, тогда таким, знаете, русским горохом просыпят и, словно наши лешие, в итальянских ущельях хохочут. А цель достигнута — веселье дух подбодрило. Это Суворов так придумал, чтобы ребята двенадцать французских слов назубок знали для объяснения с врагом.

Рисунок, относящийся к знаменитой победе под Треббией, про которую уже общеизвестно как про верх военного искусства нашего Суворова, Митя просит вас, Машенька, под стеклом окантовать и в своем кабинетике повесить, считая, что он наиболее ему удался. За эту победу славному нашему герою государь прислал свой портрет, усыпанный бриллиантами, и рескрипт не без свойственного ему острословия:

"Бейте французов, и мы вам будем бить в ладоши".

Австрийский же Франц прислал тоже рескрипт, где между, хвалебных строк так и кололо осиное жало — всегдашний тупоумный намек, что Суворов воюет не по правилу, а ежели побеждает, "тому причина всегдашнее счастье ваше".

Призвал Суворов кое-кого, и я с Митей при этом были, и говорит:

— Австрийский-то император бессмысленным счастьем нашу военную выучку аттестует, как и прочие ослиные головы... Ох, беда без фортуны, как и беда без таланта.

Тут Митя тихо скажи:

— Великое ваше дарование и есть ваша фортуна.

А Суворов весело так подхватил:

— К фортуне ж мозги. А к мозгам — труды. Трудись, рук не покладая, — обязательно фортуну поймаешь. А ловить надобно ее спереди, за хохол. Сзади-то она лысая... Впрочем, я лично горжусь лишь тем, что я россиянин, и превыше всего тщусь поднять славу русского солдата.

Вот и доказал он сие великой победой своей при Треббии. Неравенство сил было столь велико, что заколебался сам неустрашимый Багратион. Прискакал было с рапортом о необходимости "оттянуться".

— Никак... — сказал тихо Суворов.

И что же изобрел для примера? Пробежал сколько-то, будто вместе с бегущими в панике, и когда слился с ними в единую душу, ка-ак скомандует: стой! Повернул круто назад, и такие всем слова: атака, руби, ур-р-ра!

Французы сочли этих, было отступивших, за новые, свежие войска и дрогнули. Где ни покажись Суворов — победа. Ну, словно живой какой талисман. Трехдневный неравный бой — нами разбит Макдональд. Вот Митя и обессмертил Суворова в этом его вдохновении, в могучем приказе бегущим: стой!

Дальнейшие подвиги нашего великого Суворова карандашом Мити не могли уже быть зарисованы, ибо сам он умирающий унесен с поля битвы и лишь чудом добродетели остался ныне в живых. Но я пребывал верным свидетелем некоего, превышающего силы человеческие, подвига духа нашего знаменитого полководца. И если рассказанное мною Мите способно оказалось в минуту отчаянного малодушия придать ему, как он утверждает, новые силы, то да поможет приводимый мною ниже героический пример и вам, любезная Машенька, с обновленным сердцем перенести трудный ваш час. Митя еще просит сообщить вам по своему внутреннему опыту сделанный выход: "Как смоляные некие факелы, и сердца людей зажигаться могут доблестью одно от другого".

Приступаю к посильному изложению вышеупомянутой битвы под Нови.

Первое наше наступление было отбито. Барон Край стал требовать выступления Багратиона. У Суворова были свои расчеты, и он этих Краевых послов никак не принимал, делая вид, что спит, завернувшись в свой плащ. Когда же, по его определению, наступил час, он сам вскочил на коня и скомандовал: "Атака!" Жара была нестерпима. Но люди нападали на отменную позицию французов с яростью, превосходящей все бывшие бои, и все же мы ничего не могли поделать — откатывались обратно. Суворов был в самом сильном огне, провожал, вдохновлял, отдавал всю душу. Впервые под его командой угрожало его богатырям поражение. В последней горести разорвал он ворот рубахи и пал на землю. Ужас нас охватил — если великий духом повергся, значит, гибель, конец. Но это было лишь один только миг... Как древний Антей, коснувшись земли-матери, могучий духом встал полководец. Подъехавших с худыми вестями, не дослушав их, отмахнул, произнес тихо, раздельно, с беспредельной силой и властью:

— Атаковать! Победить!

Так, воображается мне, сказать бы мог один бог, вызывая из совершенного мрака свет.

Я счастлив, что был свидетелем, как чудесный гений освобожденной от всякого своекорыстия воли сделал чудо в честь своей родины. Окрыленные суворовской силой, помчались галопом гонцы по частям. Его огневым приказом подняли всех упавших. Рванулись резервы, подоспели к ним запоздавшие генералы. Перед бурей единством сомкнутого войска, слитого с гением своего полководца, побежали французы. И не под силу было врагам сохранить свой порядок. Отступали, бросая оружие, скрываясь в оврагах, в лесах. Большая армия уменьшилась вдвое.

Так вот, мои дорогие, что может сделать с ослабевшими воля одного человека, и сколь беспредельны, сколь еще не познаны нами наши собственные силы, А когда наш Суворов, в незримом лавровом венке, коего был вполне достоин, как любимый им Юлий Цезарь, прибыл на отдых к себе и встретил биографа своего Фукса (и скажу между нами — доносителя, по примеру прежде бывших при нем Николева и Германа), то, внезапно развеселясь, сказал придуманный им стишок:

Конец и слава бою
Ты будь моей трубою".

Тут прерывались записки майора...

Когда Воронихин вернулся в свой кабинет, Карл сидел на диване с рисунками Мити в руках. Его красивые глаза полны были слез. Протягивая рисунки, он вымолвил:

— Какой оказался он тонкий художник. И потерять руку, едва найдя свое настоящее призвание!

— Митя как-то и мне говорил, что у него тяга к живописи сильнее, чем к архитектуре.

Воронихин еще раз пересмотрел рисунки, отобрал те, которые надлежало передать Маше, и сказал:

— А все-таки истинным призванием Мити, к счастью, является не искусство. Трагедия неравенства людей, вызванная самым их рождением, слишком его потрясла. Если бы вместо России он был во Франции в те незабвенные годы провозглашения прав человека, я уверен, он там оказался бы не последним.

— Быть может, Андрей Никифорович, — застенчиво сказал Карл, — в грядущем царствовании, когда ваш родственник Строганов, или, лучше, Поль Очер, будет нашим Мирабо, Мите найдется дело и на родине?

— У меня с Митей уже был перед отъездом разговор на эту тему, — чуть нахмурился Воронихин. — Скажу и тебе то же самое, Шарло. Загадывать будущее — бесцельная трата времени. Всегда есть и в настоящем работа. Я думаю, что Митя, встретя величайший пример нашего времени, человека, у которого слова никогда не расходятся с делом, — Суворова, героя-полководца и вместе с тем героя-человека, получил самое для себя необходимое. Потеря руки, конечно, тяжелое событие, но не оно может разбить его жизнь.

— Гораздо хуже, если Маша к нему не приедет...

— Маша приедет, как только в руках ее будет вольная, — сказал горячо Воронихин. — Для этого дела и от тебя, Шарло, нужна будет помощь. Повлияй на свою мать, чтобы она упросила Катрин Тугарину добыть Маше немедленно вольную, пока не уехал курьер. Эта Катрин, между прочим, на днях ко мне заходила с какой-то теткой посмотреть портрет Маши...

— Мне неинтересно, как живет и что делает эта особа, — прервал непривычно резко Карл, — если у меня было к ней чувство, оно давно прошло.

— Но без нее не добыть Маше вольной, — подчеркнул Воронихин. — Только она может выпросить ее у Игреева в качестве свадебного подарка. Он сейчас не на шутку увлекся пикантным кокетством этой девицы, и, пока длится его каприз, она все может с ним сделать. Но нельзя забывать, что, осыпав Машу благодеяниями, он все еще ничего от нее не добился. Пресыщенный своим угодливым гаремом, он весьма задет ее гордой неприступностью и, конечно, опять к ней вернется. Девица Тугарина отлично все это учла и приехала смотреть Машин портрет, чтобы лучше понять, как с нею бороться. "На сцене под гримом они все хороши", — сказала она насмешливо. "Но эта в натуре несравненно лучше", — ответил я, ставя пред нею портрет. Если бы ты видел, с каким сдержанным бешенством она впилась в милое лицо нашей печальной Сильфиды.

"Что вы за него хотите, я покупаю", — сказала она. "Но он не продается, — улыбнулся я. — Портрет я писал для себя. Художнику такое наслаждение воспроизвести на полотне редкую простоту, благородство линий, свежесть чувства..."

— Чем же Тугарина может быть полезна Маше при неприязненном к ней отношении? — сказал Карл.

— Вот именно потому. Надо только на одном замысле соединить этих двух женщин — твою мать и Катрин — и дело в шляпе. Помимо прирожденного почти у всех женщин вкуса к интриге и порочной игре, у обеих, как я уже говорил, в удалении Маши из столицы замешаны самые насущные интересы. Прежде всего посети скорей свою мать, заинтересуй ее свершением доброго дела, им можно прикрыть, выражаясь витиевато, червь тщеславия, который ее гложет с тех пор, как ее ученицу, к невыгоде учительницы, похвалили в газетах. Только скорее, не теряй времени. А я отнесу Маше рисунки и сообщу ей печальную весть.

Карл только через несколько дней мог быть у своей матери. Маша была тоже там. При первом взгляде на ее осунувшееся лицо Карл понял, что ей уже все про Митю известно, и с особым чувством пожал ей руку.

Мадам Гертруда полна была, как всегда, театральными сплетнями и новостями. Громко смеясь, она удерживала у дверей свою приятельницу, чтобы досказать ей по-французски последний анекдот про директора театров, известного остроумца Нарышкина, сменившего Юсупова.

— Да, моя дорогая, это достоверно, сам государь сказал ему, если хотите, назову свидетелей: "Почему ты не ставишь балет, как при Юсупове, со множеством всадников?" А он-то в ответ: "Мне это не с руки, ваше величество, мой предместник лошадей этих кушал, а я конины не ем". Ха-ха!..

И долго еще из передней слышался смех Гертруды, пока гостья наконец не ушла.

Гертруда была в преотличном настроении духа. Подойдя к Карлу, потеребила его матерински за волосы и, указывая на Машу, сказала без особого яда:

— А ведь ей отдана пальма первенства в Психее...

— Как вам не стыдно, — порывисто сказал Карл, — Маша — сама скромность и отлично знает, что лучше вас танцевать невозможно.

Маша съежилась, покраснела, а Гертруда, по свойственной ей игре настроения, пришла тут же в восторг:

— Каков мой сынок комплиментщик!

Гертруда мимолетом поцеловала Карла и порхнула к дверям:

— Я пойду приготовить необходимое для урока одной важной девицы, она со мной проходит уже роль. Это девушка — невеста князя Игреева... Да, да, Машенька, ваша звездочка закатывается, — щебетала Гертруда, — пока вы капризничали, вашу фортуну поймала другая...

Карл быстро подошел к матери:

— Мне необходимо поговорить с вами. Есть одно дело...

— Прекрасно, сынок. Посиди тут минутку с нашей Сильфидой, я скоро. О мечтатели! — погрозила она тонким пальчиком, как грозила на сцене Амуру, и исчезла.

— Воронихин сказал, что вы хотите помочь мне, — начала Маша, но слезы пресекли ее речь. — Бедный Митя... — Она вытерла глаза, вся собралась и, взяв Карла за руку, сказала так твердо, что он ее словам сразу поверил: — Если меня не отпустят, если из ваших стараний не выйдет ничего, я все равно убегу, я доберусь до Мити.

— Я уверен, что вы уедете с курьером, который привез нам Митины рисунки, — сказал Росси. — Сейчас я буду говорить с моей матерью, она поможет повлиять на Катрин. Но, Маша, подумайте в последний раз, прежде чем отказаться от вашего блестящего положения, от возможности служить любимому вами искусству. Если порвете с Игреевым, вам придется сейчас же покинуть сцену...

— Все решено безвозвратно. Все проверено. Горе угнетает меня; как и Митя, я не создана дышать только искусством. У нас, видно, Карл, нет вашего поглощающего дарования.

— Настоящее призвание, конечно, забирает все силы только себе, — сказал тихо Карл.

— Вот то-то. А наши силы устремлены на другое. Если бы вы знали, какое письмо написал мне Митя. Он нашел душевный покой, только когда пришлось ему делить смертельную опасность бок о бок с товарищами. Ему отныне руководство — Суворов. Митя нашел себя самого. Найдем и мы оба, что нам делать. Я не оставлю моего искусства, но ведь служить ему можно разными способами. В какой угодно глуши я найду учеников, могу открыть свою школу, не знаю, сейчас, что и как... но думаю, что пробуждать в людях потребность красоты, научить их видеть и слышать больше и лучше, чем они могут это делать сами, — дело не меньшее, чем пожинать столичные лавры для одной своей персоны. — Маша печально улыбнулась. — Они даются мне такой унизительной ценой.

— Но что, если, несмотря на все наши ухищрения, князь не захочет вас выпустить из своих рук? — осторожно спросил Росси.

— Безмерно избалованному, непостоянному сейчас я наскучила моей невеселой особой. И я даже думаю, он будет рад такому великодушному окончанию наших отношений. При его самолюбии и страхе насмешек он в роли отвергнутого воздыхателя навсегда пребывать не согласится, а как неглупый человек — уже понял, что насилие надо мной кончится плохо. Трагедий он не любит. Я счастливо попала в удачную полосу. После романа графа Шереметева с крепостной сейчас стало модно разводить сентиментально-высокие чувства. К тому же, как ураган, налетела на князя неотразимая Катрин; пока он под ее чарами, она всего может добиться. Сейчас придет ваша матушка. Найдите слова, дорогой Карл, мне же отсюда надо уйти...

Маша протянула Карлу обе руки, он поцеловал их безмолвно. Маша исчезла, и Росси остался один в комнате матери. Он огляделся. Это было словно капище с изображением в разнообразнейших позах одной и той же богини — Гертруды. То она Психеей стояла на твердом носке, вытянув одну руку, как на древней греческой вазе, в руке держала светильник, освещая спящего возлюбленного Амура, то она же, неистовая и прекрасная амазонка, мчалась в бой. Этот культ своей особы был бы жалок и смешон, если бы каждая поза не давала совершенного произведения искусства. И Карл, через минуту забыв промелькнувшее было осуждение тщеславия матери, как художник любовался точной законченностью ее прекрасного дарования. Здесь он радостно себя чувствовал ее сыном и ласково улыбнулся подошедшей Гертруде.

— Улыбка делает вас еще прекрасней, сын мой, — сказала

по-французски Гертруда, копируя приехавшую на гастроли знаменитость, и прибавила на родном итальянском:

— Если бы ты был всегда такой со мной добрый!

— Я буду еще добрей, только присядьте, послушайте, что я вам скажу.

— У меня скоро урок; она капризная, эта Катрин, ждать не станет, говори скорее. Верно, неприятное? — всплеснула Гертруда руками. — О даче? Или жалоба на Пика? О, я сама очень им недовольна: старый дурак ухаживает за молодыми, Кому он соблазнителен? Кому он кавалер? Воображает, что хорош со своим толстым брюхом, а девчонкам от него нужна только протекция.

— Мой разговор не о даче, не о Пике. Я хочу очень серьезно говорить о Маше, именуемой Сильфидой.

— Она неблагодарная, — закричала Гертруда и только что собралась своим рассерженным птичьим щебетом излить на Машину голову целый водопад обвинений, как, взяв ее нежно за руку, Карл поспешно сказал:

— Она хочет навсегда уйти из театра.

— Хитрости, — воскликнула Гертруда. — ну кто такому поверит? Добровольно уйти из театра?

— Поверите вы, маменька, сами, если призовете на помощь терпение и до конца выслушаете мой рассказ.

Карл обнял мать и трогательно, как было надо, чтобы подействовать на нее, рассказал о любви Мити и Маши. О том, как друг его с горя уехал в армию и как храбро он бился сейчас и лежит в далеком госпитале без руки, не смея надеяться на любовь. А Маша хочет бросить успехи в столице и ехать ухаживать за женихом.

— Какая чудесная история, — всплакнула Гертруда, — я бы сама, конечно, ни за что не уехала от той новой роли, которую ей, наверно, дадут, но я любуюсь, когда другие могут так пылко любить. Ну, конечно, я ей помогу, разве я злая, мой сын?

— Вы не только Психея, вы — ангел, — расцеловал Росси мать.

— Но ведь у Маши нет вольной? — обеспокоилась Гертруда, вмиг увлеченная новыми чувствами. — Она без конца капризничает с князем, а он с ней играет в настоящую любовь, он ждет, чтобы она сама, изнемогая от страсти, ему прошептала: люблю вас... Я как-то даже ей показала, передавая последний подарок князя, что в таком случае надо сказать и как произвести такой чувствительный жест руками, будто сейчас упадешь к его ногам, однако совсем не падать, только сделать изгиб, один изгиб...

Гертруда, вдруг вскочив, умоляюще вытянула руки и всем станом изобразила призыв любви.

— Что на это вам ответила Маша? — невольно заинтересованный спросил Карл.

— О, дерзкая девчонка с такой силой бросила на пол протянутый мною браслет, что моя парадная горничная уверяет, будто из него выпал самый крупный бриллиант и закатился невесть куда; я же подозреваю, она сама его и стащила. Однако это другой разговор, — спохватилась Гертруда. — Чем именно я могу помочь твоей протеже?

— Вам необходимо упросить, чтобы новая ваша ученица Тугарина выпросила себе в подарок Машину отпускную. Князь на Машу в досаде, но намекните, как одна вы умеете, — тонко улыбнулся Карл, польстив матери, — намекните, что к неудовлетворенному пылу всегда возвращаются.

Гертруда залилась смехом мало натуральным, но звонким, как серебряный колокольчик.

— О, как ты сведущ в нежной науке сердца, мой сын. Но ты вполне прав, как и в том, что, по русской пословице, надо что-то ковать, пока оно горячо. Но что ковать? Я забыла.

— Железо, маменька, — улыбнулся Карл, опять усаживая вспорхнувшую мать с собой рядом. — Еще минутку, ведь я знаю, что у вас по природе прекрасное сердце, как у самой доброй птички: обещайте же мне соединить друга Митю с его невестой Машей. Вы французские пословицы тоже, вероятно, не забыли, выучив русские: ce que femme veut, Dieu le veut[1].

Гертруда стала серьезной, помолчала и с милой наивностью интимно спросила:

— Если она выйдет замуж, если она его любит, она, может быть, захочет иметь сыночка, такого амура, как ты, мой Шарло, это нам, балеринам, запрещено.

Карл рассмеялся.

— Вы, маменька, уж слишком идете навстречу событиям. Будет ли у них непременно сын, я вам не могу ручаться, но то, что Маша не останется на петербургской сцене, — вот вам моя рука.

— Где же она будет танцевать? При иностранном дворе? — почти с испугом воскликнула Гертруда.

— Она больше не хочет танцевать, она будет служить искусству посредством своих учеников.

---

[1] Что захочет женщина, то угодно богу (фр.)

— Пе-да-гог! — протянула Гертруда. — О, это ей подходит. В ней что-то как у классной дамы. Шарло, я все для нее сделаю.

Гертруда встала и, подняв правую руку, торжественно сказала:

— Клянусь соединить два любящих сердца.

Росси обнял мать:

— Известите меня поскорее о вашей удаче.

— Будь покоен, Шарло. Я ведь недавно читала в таком роде роман, и я плакала, плакала. И по свежей памяти тем более сейчас помогу.

Вошедшая горничная, та, что подозревалась в краже бриллианта, возвестила о приезде Тугариной.

А через несколько дней в квартире Гертруды Росси происходило устроенное по желанию Катрин ее свидание с Машей.

Катрин сидела на диване одна, когда вошла бледная Маша. Она была измучена тоской о Мите и ужасом, что с каждым днем слабеющие силы сделают для нее невозможным побег, на который она твердо решилась, не ожидая себе никакой помощи от Катрин, несмотря на все посулы и объятия ставшей особенно нежной Гертруды.

На глубокий Машин поклон Катрин едва ей кивнула, зорко оглядела и спросила недобрым голосом:

— Правда ли, что ваш жених ранен тяжело?

— Через господина Воронихина мне было прислано известие от него самого. Он в госпитале… без руки.

— Безрукий художник, — сказала жестко Катрин. — Ну что же, придется ему переменить профессию. Надеюсь, не правая рука?

— Правая… — чуть слышно сказала Маша.

— Присядьте, — предложила несколько мягче Катрин, указывая рядом с собой на диван.

Маша села.

— Вы бы себя проверили, прежде чем пожелать ехать так далеко и так бесповоротно решать свою судьбу, — сказала Катрин. — Чем один молодой человек особенно лучше другого? И разве можно поверить в прочность чувств, своих ли, чужих ли? Сейчас в вас говорит жалость к молодой искалеченной жизни, но разве можно строить свою жизнь на жалости?

Маша побледнела и, строго поглядев в насмешливое лицо Катрин, в свою очередь спросила:

— На чем же, по вашему мнению, стоит строить жизнь?

— Исключительно на себялюбии, — не моргнув, ответила Катрин. — От себя никуда не уйдешь, себя никогда не разлюбишь, как бы собой ни был недоволен. И вся свобода ваша всегда при вас.

— Я крепостная, — вспыхнула Маша, — мне моей свободы еще нужно добиваться.

— Да, я знаю вашу историю, — поспешила Катрин. Но вот вопрос, стоит ли вам давать эту свободу, если вы сейчас же хотите сами ее лишиться? Ваша отпускная в моих руках, — сказала Катрин с нескрываемым торжеством. — Князь Игреев по моей просьбе мне ее вчера подарил. Так что, в сущности, вы сейчас принадлежите уже мне. И вот что я вам предлагаю, слушайте хорошо и не торопитесь решением вашим.

Катрин встала, прошлась по комнате. Хотя она хотела это скрыть, она волновалась не менее, чем Маша, которая, стиснув руки, сидела как неживая. Катрин остановилась перед ней:

— Я вас отлично устрою балериной в Москве или же дам вам возможность открыть свою собственную балетную школу, где вам будет угодно. Свое слово я, поверьте, сдержу, — гордо подчеркнула Катрин. — Но и я ставлю одно условие, чтобы вам отдать навсегда вашу отпускную.

— Какое? — прошептала Маша.

— Чтобы вы не ехали к вашему Мите и вообще отказались от этого брака.

— Вы его не знаете... зачем это вам?

— Затем, — сказала холодно Катрин, — что в любовь, доведенную до таких жертв, на какие вы хотите идти сейчас, я не верю вовсе, такой любви не сочувствую и не хочу способствовать тому, чтобы наш балет, наше искусство потеряло такую прекрасную артистку, как вы.

Маша вскочила. Яркая краска вспыхнула на ее бледных щеках.

— Это невероятно... Сам дьявол вам нашептал.

— Ни в бога, ни в дьявола я тоже не верю, — улыбнулась Катрин, — я воспитанница моего отца и господина Вольтера. Но прихотей у меня много, и не вижу, почему бы мне их не удовлетворить, если я к тому имею возможность. Впрочем, для вас есть и другой выход.

Катрин взяла Машу за руку и, пытливо глядя ей в глаза, как бы боясь пропустить малейшее выражение ее лица, сказала, понизив голос:

— Хотите вы, оставаясь моей крепостной, поехать к вашему жениху? Я тоже создам для этого все условия. Вы его увидите, но останетесь навек моей крепостной, — подчеркнула она. — Выбирайте.

— Мне нечего выбирать, — сказала просто Маша, — если

есть какая-либо возможность мне поехать к Мите, я, конечно, поеду. Оставьте при себе мою отпускную, но молю вас, отправьте меня скорее к нему. Он ведь очень плох, я могу его не застать.

Но Катрин надо было что-то досмотреть до конца.

— Останется ли он жить или умрет — поймите отчетливо, вы-то сами навек крепостная. И это свое слово я тоже сдержу.

— Если Митя умрет, я, быть может, тоже не стану жить; если ж он останется жить, я доверюсь вашему великодушию. — Голос Маши на минуту пресекся. — Ведь вы разрешите мне с ним остаться? О, наложите какой угодно оброк, я выполню. Ведь кроме танцев я знаю столько разных рукоделий, на которые тоже есть спрос.

— Хорошо, — сказала Катрин, отпуская руку Маши, — завтра же начну хлопотать, чтобы вы ехали с тем курьером, который должен вернуться в армию, Но помните, вы едете как моя собственность...

— Только б увидеть его! — вырвалось у Маши с нежным чувством такой глубины и чистоты, что Катрин вспыхнула и, бросив взятую на себя роль, горячо сказала:

— За кого же вы меня, Машенька, принимаете, если так сразу поверили моим словам? Да неужто я похожа на мучительницу Салтычиху?

— Вы так воспитаны... Ваше право владеть живыми людьми.

Катрин заносчиво прервала:

— Я воспитана книгами писателей, научивших меня мыслить, и живых людей собственностью иметь не желаю. Недаром у меня на полке запрещенный Радищев. Сама я, может быть, жертва не меньше вашего... Мой ум иссушил мое сердце, и я не верю в любовь. Ваш случай был слишком для меня соблазнителен, чтобы я смогла удержаться от маленького над вами опыта. Простите мою жестокость, вот ваша вольная.

Катрин подала Маше гербовую бумагу, дававшую ей свободу. Маша опустилась на ковер, охватила ее колени и, лишаясь от волнения сил, прошептала:

— Благодарю...

Катрин подняла ее и со слезами на глазах вымолвила:

— Это я должна благодарить вас. Первый раз в жизни я верю в силу чистого, бескорыстного чувства. Вы обогатили мое бедное сердце. — И обе женщины крепко обнялись, как сестры, не узнавшие сразу друг друга, но сейчас убежденные в своем родстве.

Глава тринадцатая

Митя лежал в походном госпитале в живописном местечке южной Богемии. Был конец августа. Плечо его плохо заживало, но уже не было той непрестанной оскорбительной боли, заглушавшей все мысли и чувства. Однако еще не трогал чудесный пейзаж, видный ему из большого окна: горы, убегающие в осеннее хрустальное небо, лиловые от обильно покрывшего их цветущего вереска. Горы эти нужны ему были только затем, чтобы, уставив глаза в ту или другую точку, глубже собрать свои мысли.

И они собирались, твердые, окончательные, проверенные, словно нарочито выбранные для основания здания кирпичи.

Отчаяние от потери руки охватило ненадолго. Силой воли заставил он себя примириться с ощущением непривычной пустоты справа и даже с тем, что рисовать больше нельзя. Конечно, он знал, бывали случаи, когда все знание и опыт правой руки пострадавшему удавалось перевести на счет левой, но это был такой поглощающий, большой труд, что стоило бы им заняться, если б живопись точно была его призванием. Но сейчас он твердо узнал, что ему надо строить совсем иное: все колебания в выборе жизненного пути сняты этой тяжелой утратой. Но где искать путей? Как, к чему применить эту свою готовность? Воронихин дал замечательный совет: в ожидании, пока наступит желанное время, ковать из себя достойного этого времени человека.

Какое счастье, что на своем пути он встретил Суворова, который стал ему маяком путеводным. Величайшим горем было для Мити, что сейчас он не мог быть там, где Суворов свершает свой неслыханный подвиг-поход. Известие о том, что с двадцатитысячной армией предпринят переход через Сен-Готард, было последней вестью, проникшей сюда, в госпиталь. Надо было со дня на день ожидать новых раненых, они расскажут все в подробности.

В сознании Мити лежал еще один вопрос, который он силился считать решенным и скинутым с пути своей жизни, но о котором чувство его не забывало ни на минуту: мысль о Маше.

Он сразу отсек все надежды на личное счастье, освободил Машу от данного слова, но сердце его не слушалось, ему то и дело снилась она, и тайные горьские слезы вызывало пробуждение. Под Новый год с великими трудами доставили в госпиталь новых раненых, среди них был майор Дронин. Митя пережил ужасные дни тревоги, когда друг был между жизнью и смертью. Однако ее могучее здоровье победило, и наступил наконец день великой радости встречи названых братьев. У Дронина были обморожены ноги, левая к тому же прострелена. Ему предстояло долго лежать недвижно, и одна радость и развлечение было ему — переживать снова изумительный, похожий на чудесное измышление, семнадцатидневный швейцарский поход.

— Подумай только, Митенька, — говорил похудевший майор, вознаграждая себя усиленной жестикуляцией за неподвижность тела. — Ведь шли-то мы в какой стуже? Одежонка плохонькая, сапоги русские без этих необходимых шипов, как у французов. Те за льдины сами цепляются, а мы то тут, то там в бездонную пропасть сползаем, да с вьюками, с мулами. Патронов у врага вдвое. Проклятый Тугут на каждом шагу "тугутит", как наш Суворов сказал. В городок Таверну пришли — где провиант? Где свежие мулы? Свисти их. А переть нам через самый Сен-Готард на соединение с Корсаковым да поправее — с австрийцами. А Массена-то залег против нас с несметными тысячами. И тут обманули австрийцы, меньше цифру указали. Кругом подлость и предательство. А мы горной войне не обучены, местоположение нам неизвестное. Уверили клятвенно, что из Альтдорфа, последнего пункта, пешеходная тропинка идет вдоль Люцернского озера. Сигай в него, кому жизнь не мила, — и главное, совершенно зря, ибо вся флотилия французов стоит на озере. И оказался весь план, сверхчеловеческой суворовской силой выполненный, — пустая ребячья затея.

Дронин так взволновался, воскресив в памяти предательское отношение союзников-австрийцев, что Митя поспешил, охраняя его здоровье, перевести речь на главное, что его интересовало, — на Суворова.

— Вот-то бушевал, когда не оказалось обещанных мулов! "Нет лошаков одни горы да пропасти, да я-то не живописец, а главнокомандующий. Помощи нигде, Тугутишко везде. Брехали, видно, недаром французы, что нам провалиться в их снегах. Уж кому-то платит в Вене директория..." Перешерстил он австрийцев. Однако ретирады Суворов не знает. Заместо лошаков под вьюки пустили казацких лошадок. Хоть над пропастями им и было необычно, они вполне русскими оказались — невозможное повернули в возможное, как мы под Измаилом.

Тут майор начал бредить, путая только что им

перенесенное с бывшим в давно прошедшую турецкую кампанию. Сестра потребовала, чтобы он прекратил свои рассказы.

Два дня майор промолчал, на третий его прорвало.

— Вы поймите, сестрица, — кричал в ответ на воспрещение говорить при лихорадке, — разгрузить нужно мне мою память, не то она голову мне разорвет! А Митя художник, он, что скажу, все увидит глазами, ему это тоже на пользу.

И действительно, Митя с жадностью забирал груз майоровой памяти и сейчас своими глазами видел, как двумя колоннами наши войска подымаются в вечных снегах. Те, что с Суворовым, напрямик, без обходов.

— На каурой казачьей кобылке сам-то он ехал, — любовно повествует майор, — от леденящего ветра только и прикрыт, что своим знаменитым родительским плащом, шляпенка с полями вот-вот улетит.

И не отстает от него некий старик, итальянец. "Переночевал я у него в долине и вроде как его оволшебил, вот за мной потянулся", — смеется фельдмаршал. И в добрый час, отличным проводником оказался. Без этого старика в пропасть нам загреметь. Потом обтерпелись, а спервоначала круто пришлось. Вообрази, Митя, дождь ливмя, ветрище с места сдувает; речонки итальянские вздуло в реки. То ли их вброд, то ли вплавь? Зуб на зуб не попадает. Подметки вмиг прохудились, за плечами груз. И все же пробрели мы в три дня семьдесят верст. Считай их за сотню. С ног валимся, а Суворову ль отдыхать? "Ошарашим врага наступлением. Штурм Сен-Готарда!" И повел нас. Ур-р-ра!..

Сестра испугалась, что снова Дронин забредил, но он, счастливый, ее успокаивал:

— Не в бреду — наяву я, сестрица, пусть русское сердце ликует. Взят Сен-Готард!

И со всех коек ожившие раненые стали просить:

— Не препятствуй, сестрица, пусть глотку дерет, ему здорово, и нам полегче.

— В один-единственный день взят Сен-Готард, — с тихим восторгом продолжал Дронин. — Две атаки уже отбиты с большими потерями. Ночь спускается. Ужель ночевать под ногами врага? "Он ест, пьет, бахвалится, мы ж, как щенята, в сугробах. Вперед!" Взбодрил нас Суворов, и опять мы на камни, и лезем, и падаем. И что бы вы думали? Над французами, на самой вершине — вдруг наши, вторая колонна. Обошел Багратион.

— А Чертов мост когда был? — спросил бледный прапорщик.

— Наши скоры, а вам еще скорей подавай, — проворчал майор. — Чертов мост — это надо вообразить явственно, иначе одна только кличка в твоей памяти, как заноза, застрянет. И прежде всего все окрестное тому мосту надо увидеть. К деревушке Урзнер, скажем, — дорога, а поперек развалился утес. Сквозь него пробита дыра, по-ихнему — Урзнер-лох. Это коридор длины порядочной, а ширины — двум человекам едва разойтись. Выбежав на свет из этой дыры, дорога вдруг обрывается над самой бурной рекой. Как бешеная, так ворочает она камни и пену, что воды не видать, гул над ней — сущий ад. И вот над такой-то рекой — легонький мост, поистине — черт его перекинул. Ходуном ходит, вот-вот сорвет его речка. Ледяные брызги его, как туманом, укрыли. А у самого выхода из дыры французы пушку установили да за Чертовым мостом два батальона, которых и вовсе нам неприметно. Вообразили картину? А ну-ка, не угодно ли через Урзнер-дыру, через Чертов мост?

— Ужель перешли? — восклицали со всех сторон. Насладившись минуту произведенным впечатлением, майор торжественно произнес:

— Первые с доблестью пали. Тогда Суворов отрядил сотни три по гладким скалам, где орлам гнезд не свить, чтобы ударили по скрытым французским батальонам, защищавшим выход из дыры. И ударили. А наши — мах по туннелю... Сомкнулись со своими — и на французов, как лавина; те дрогнули, отступили, Однако напакостили напоследок — Чертов мост разорили. Да разве нас остановишь в атаке? Дерев на провал навалили, долой с себя шарфы, связали бегом! А пока такая каша заварилась вверху, наши отряды внизу, по бешеной воде вброд. Течение сбивает народ, а на смену упавшим новые. Перешли, тут уж много легче нам стало, — освобождающе вздохнул Дронин, вновь переживая испытанное великое напряжение всех сил. — Скоро помельчали и вовсе отодвинулись горы, и до чего просторная долина раскинулась перед нами. Словно с улыбкой, побежали леса, запестрели цветами луга, и вот уж рукой подать — цель наша, зеленый город Альтдорф. И хотелось же нам отдохнуть! Нет, не дал, — а Корсаков, осажденный Массеной? С помощью медлить нельзя. Вестей же о нем никаких. Опять путь ближайший через новый хребет. Темь вверху, темь внизу. В облаках движемся, каждый вдвое стал тяжелей — отсырели. Едва дотащились, как обухом по голове страшная весть, что Корсаков и австрийцы разбиты, отступили невесть куда, а мы окружены несметной армией Массены.

Всему виной проклятый гофкригсрат: предательски не дали мулов, и мы потеряли необходимые дни. Теперь опять вообразите хорошо нашу позицию, чтобы поверить могли, что действительно единой силой духа Суворова были мы спасены. Австрийская помощь обманула кругом: вокруг озера Люцерна ходу нет, никого из союзных войск поблизости, ни провианта, ни патронов. Сухари размокли и сгнили, копаем коренья, кожу режем, ее на шомпол навернем, шерсть опалим и едим. А вокруг нас почти стотысячный враг. Уже генерал Массена прихвастнул, что денька через два нашего Суворова к себе ужинать привезет, и среди нашего офицерства пробежал шепот о сдаче. Вот-с какова ситуация.

— А что он? Что Суворов?

— Не дрогнул. Собрал военный совет. Вышел в фельдмаршальском мундире со всеми регалиями и речь сказал, одними простыми словами — суворовскими. Как перед смертью, пересмотрел всю кампанию, предательство австрияков, еще раз перешерстил их по заслугам и пришел к выводам: окружены, а сокрушать врага нечем. Назад — постыдно. Помощи ниоткуда, край гибели. А надежда? — спросил сам себя. — На что у нас есть надежда? Промолчал военный совет. Суворов ответил сам: "Одна лишь надежда на мужество наших солдат. Русские мы..." — и заплакал.

Плакал Митя, плакали молодые на койках, и, не стыдясь своих слез, закончил майор:

— И от имени войска старый генерал Дерфельден ответил: "Веди, куда знаешь, всюду мы с тобой!"

— Да, вот опять какое вышло положение, — продолжал о своем швейцарском походе майор Дронин, — позади нас тьма французов, от которых нам по одной лишь долине Муттенской вперед.

Разделил Суворов войска: главный отряд двинул сам, а тому, что поменьше, задерживать приказал французов, чтобы дать нам уйти. Вот уж тут, ребята, настоящие пошли чудеса, их каждому надо запомнить, дабы поверить, что непреодолимого на свете нет ничего.

Истощенные, больные, голодные, отогнали наши свежих французов, их превосходивших намного в числе. Задержали их хитростью. Послали швицкому магистрату будто заказ на продовольствие всему нашему войску, чем сбили с толку генерала Массену. "Вот дураки, — сказал он, — сами к нам лезут в полон! Пусть войдут, тут их и возьмем, нам это много удобнее, чем за ними охотиться!"

А наши тем временем ночью тихонько вслед за своей главной колонной. Когда французы смекнули про обман — ан время упущено. Наши соединились с Суворовым. Догоняй! Устремились все по Муттенской долине к Гларису: там встреча с австрийцами. Подходим — никаких австрийцев. Генерала Линкена след простыл, и французы забрали Гларис. Нам одно: либо их побеждать, либо тут помирать. Дальнейшего хода нет. Во тьме кромешной пошли мы в штыки. Шесть раз из рук в руки переходила победа. Однако в конце концов — Гларис наш. И впервые горячего мы тут хлебнули. Ну-с, что прикажете дальше? Опять военный совет. Драться окончательно нечем, и спасать нам сейчас не австрийцев, которые преспокойно сами спаслись, а одну лишь свою многострадальную армию, попавшую в западню.

— Последний ваш переход двадцать шестого сентября? — спросил подпрапорщик и тише добавил: — У меня брат там погиб.

— Многие там погибли. Вышли мы к Сен-Готарду двадцать одной тысячью, а как перемахнули через последний хребет по имени Панике, нас осталось пятнадцать. Ох, этот последний хребет! Всю-то кампанию лихая погода, а тут просто взбесились силы небесные: такой снегопад, что тропинки вмиг занесло. Плакали, а побросали в пропасть последние двадцать орудий. Как людей, было их жаль. И вьюки с продовольствием туда же, только б солдат сохранить. Дело к зиме, обледенелые горы, мы в густейшем тумане гуськом.

— А как же Суворов, — воскликнул Митя, — старый, больной?

— Впереди на кобылке под казачьим седлом. Все долой с лошади рвется, хочет пеший идти, для примера. Самого лихорадка треплет. А два казачка его силком держат в седле. Как взбунтуется он, знай кричат, не пускают: сиди уж, сиди!

Проводники разбежались, и полезли мы как на душу бог положил. А там уж в долину на собственных средствах. Сказать прямо — скатились на задницах. И вовек не забыть голос Суворова: "Русак — не трусак. Дойдем!" Дошли. Оглядел он своих оборванных, обмерзших, поистине чудо-богатырей и сказал: "Орлы русские облетели орлов римских!"

Однако эти его последние слова мне уже передали в лазарете, где я долго в бесчувствии и в бреду находился. Это у Боденского озера, где наконец и дан был отдых войскам. Потом перевезли нас сюда, и вот с тобой, Митя, встретились.

Рассказ майора о доблести русского войска, превысившей все человеческие возможности, потряс Митю. Последнее малодушие отошло, сменилось уже неизменным ровным и твердым состоянием духа. Он теперь был уверен, что найдет свое заветное дело. Вспоминал рассказы друга Карла Росси о том, как в минуты душевных крушений помогает ему мысль о непреложности и постоянстве навеки найденных законов математики. Ему такой отрадной опорой явился, в великом испытании его сил, образ Суворова, этого лучшего из встреченных им людей. В Петербург ему сейчас возвращаться не хотелось, и когда майор предложил устроить ему место помощника управляющего большим имением своих родственников Давыдовых — Каменки, находящегося в Киевской губернии, — Митя охотно согласился. Так хотелось в деревенской глуши, среди прекрасной природы, собраться с мыслями и присмотреться поближе к жизни крестьян. Он знал — теперь уже навсегда они стали его главной заботой.

Внезапное появление Маши, которую он сейчас ждал меньше всего, чуть было не ввергло его в великое горе, разбившее вмиг так трудно добытый покой. Он, уверивший себя, что навеки от нее отказался, увидав ее любящей, свободной и прекраснее, чем когда-либо, понял, что его отречение самообман и никаким рассудком не истребима любовь! Но жертвы из жалости он принимать не хотел. Понадобилось много терпения, умной сердечности его верной невесты, чтобы Митя наконец поверил, что Маша приехала не из чувства жалости и долга, а по настоящей, крепкой любви! И в Каменку она обрадовалась ехать, не желая и слышать о столице, где было столько страданий и предстояло немало нежелательных встреч. Дронин к тому же обнадежил, что возможно устроиться в театрах киевском или полтавском или создать свою школу, что сулило несомненный успех.

И наконец, последняя тяжесть сомнения и горечи спала с сердца Мити после того, как однажды на рассвете появилась в сером сумраке палаты, где он лежал, небольшая, еще похудевшая за тяжкий, только что перенесенный поход, такая бесконечно знакомая и дорогая фигура Суворова. Махнув рукой сопровождающим, чтобы не делали шума, он тихо подходил к раненым и больным, в немой скорби бессонницы застывшим людям. Отечески клал им на горячий лоб тонкую, худую руку, нагнувшись, что-то шептал — и вмиг яснели их взоры, и восторженно улыбались страдальцы от ласки великого Суворова.

Подошел он и к Мите. От Дронина он уже знал все про

Машу и про сомнения Мити. Он нагнулся так близко, что можно было рассмотреть, сколько новых мельчайших морщин избороздило его тонкое лицо. Глаза его, голубые, сейчас полные только большой доброты, едва глянули — всё увидели. Как отец, он сказал самое главное:

— Ничего, Митя, жить можно и с левой. Еще лучше будешь жить. И с Машенькой благословляю тебя на работу и счастье. Верю — будет оно. Оба-то вы молоды. Не болтуны-пустобрехи, а люди. Так-то.

И руку на голову положил — благословил.

Одиннадцатого октября 1799 года Павел послал австрийскому императору Францу сухое, негодующее письмо, где виною несчастного поражения Корсакова ставил несвоевременный отход из Швейцарии союзных войск под начальством эрцгерцога Карла. Павел разрывал союз с Австрией. А в конце декабря собственноручно написал Суворову:

"Обстоятельства требуют возврата армии, ибо виды венские те же. А во Франции — перемена. Идите немедля домой".

Недоразумения между русскими и австрийскими верхами были столь сильны, так много накопилось у русских обид за обман и предательство, что на балу у сына Суворова, Аркадия, великий князь Константин выгнал вон группу австрийских офицеров.

А когда Суворову император Франц прислал умоляющий рескрипт повременить с уходом в Россию, предлагая неограниченную всяческую поддержку в случае возобновления войны, Суворов сказал его послу — генералу Эстергази:

— Над таким старым солдатом, как я, можно смеяться только один раз. Но был бы я слишком глуп, если бы позволил это сделать с собой и в другой. Я пришел к месту назначенного соединения и увидел себя оставленным. Я вашей армии не нашел.

Павла изменническое отношение Австрии и ее желание загребать жар руками русских привели наконец в гнев, который пересилил его желание стать спасителем Европы.

Кроме того, в европейской политике произошли крупные перемены. Когда начался швейцарский поход, Павел еще был полон решимости разгромить французскую революцию и предписывал Суворову: "Старайтесь произвести инзурекций во Франции", а сейчас, под влиянием иезуитов, он нашел формулировку для изумившей всех перемены его политики и сам первый в нее поверил:

— Я всегда склонялся тогда в пользу справедливости и долгое время был уверен, что она у противников Франции, ибо ее правительство угрожало всем державам. Ныне же, когда в этой стране скоро водворится король, если не по имени, то по существу, и наступит порядок, это меняет совершенно существо дел. Сейчас справедливость не может быть на стороне Англии, и в коалиции с ней неправильно долее пребывать, ибо Англия захватила остров Мальту и отказывается вернуть его Ордену.

Все это было для Павла не только оскорблением личным, но и прекрасно им понятой угрозой государственной. И для того чтобы успешнее восстать против врага, теперь общего с Францией, Павел в декабре послал Суворову требование возвращаться домой.

Суворов очень тревожился: какова-то будет оценка его похода, неслыханного по трудностям и солдатской доблести и вместе с тем совершенного как бы впустую, для выгоды одних лишь австрийцев, забравших северную Италию в свои руки. Но опасения оказались напрасными. Весь мир понимал, что причиною всех неудач были только австрийцы, а необычайная доблесть солдат и их полководца покрыла Суворова еще большей славой.

Павел дал ему титул генералиссимуса всех сил российских и посылал очень сердечные, восхищенные письма: "Приятно мне будет, если вы, введя в пределы российские войска, не медля нимало приедете ко мне на совет и любовь".

Или так: "Сохраните российских воинов, из коих одни везде побеждали, потому что были с вами, а других победили, оттого что они с вами не были".

Европейские державы одна перед другой изъявляли восторги: кресты, награды, всеобщее признание несравненным гением тактики. Адмирал Нельсон писал: "В Европе нет человека, который любил бы вас так, как я".

А ему хотелось одной глубокой последней простоты. Посетив могилу любимого и очень чтимого им полководца Лаудона, прочтя длиннейшую витиеватую латинскую надпись на его гробовой доске, он произнес:

— К чему все это? Мне пусть напишут просто: здесь лежит Суворов.

В Кракове Суворов сдал командование Розенбергу, сам поехал вперед. Он уже чувствовал себя очень больным. Упало нечеловеческое напряжение, и здоровья не оказалось вовсе.

Прощаясь с солдатами, не мог вымолвить слова от рыданий, солдаты плакали, понимая, что уже больше его не увидят. Ему было лестно знать, что сложена про него песня:

С предводителем таким
Воевать всегда хотим...

Суворов, слабея с каждым днем, медленно двигался в Петербург. Ему было известно, что для его встречи выработан особо торжественный церемониал. В Нарву будут высланы придворные кареты. При его въезде в столицу колокольный звон, пальба из пушек. И в Зимнем дворце для него апартаменты. Все это как-то тешило старика, ласкал душу наконец полученный заслуженный почет. Здоровье же становилось все хуже. Пришлось задержаться в Кобрине. Император отправил к нему лейб-медика. Старые раны его открылись, страдания были очень тяжелые. И вот тут-то настиг его последний, жесточайший удар, нанесенный императором. Двадцатого марта Павел отдал повеление:

"Вопреки высочайше изданного устава, генералиссимус князь Суворов имел в корпусе своем, по старому обычаю, непременного дежурного генерала, что и дается на замечание всей армии".

Тяжко больному Суворову прислан был с курьером грозный запрос о том же дежурном генерале с приказанием немедленно уведомить, что побудило его сделать подобное нарушение воинских правил.

Суворов был потрясен. Вынув недавние письма, полные восхищения и любви, он сличал их с последним письмом и недоумевал. Ему известно было также, что Ростопчину при свидетелях Павел сказал: "Я произвел его в генералиссимусы, это много для другого, а ему мало: ему быть ангелом".

Что же случилось? Поводы были пустяковые, а причина глубокая и очень давняя. Быть может, Павел думал, что Суворов не доедет до Петербурга, умрет в пути и созданные для Европы слухи о триумфальной встрече не надо будет осуществлять. Но когда еще раз богатырский дух Суворова восторжествовал над смертельной болезнью и он, полуживой, но владеющий всем своим разумом и волей, придвинулся к столице, воздать ему действительно все обещанные почести с колокольным звоном, с пушечной пальбой стало для Павла немыслимым. Это значило признать свою возлюбленную прусскую систему побежденной, это значило зачеркнуть себя самого.

Как нарочно, произошла тяжелая история с цесаревичем — так велел именовать Павел второго сына за доблести, проявленные в итальянских походах и самим Суворовым засвидетельствованные.

Цесаревич был встречен восторженно. В его честь даны были особые празднества, на Эрмитажном театре сыграли "Возвращение Полиоклета", а отец отличал его перед Александром.

Как-то Павел, в веселом настроении духа, разговорился с сыном об удобстве предписанной им одежды солдат и спросил:

— А что вам всего боле оказалось в итальянском походе на пользу?

Константин, еще полный суворовской выучки и к тому же введенный в заблуждение веселостью отца, ответил простодушно:

— А пользу нам сослужили одни лишь унтер-офицерские алебарды, поскольку они были деревянные и длиной более сажени, — ну и дрова! Погрелись мы в ледниках этими алебардами.

Павел смеяться перестал, однако без гнева приказал сыну представить ему рядового, одетого, как он находит удобней.

Константин представил. Оказалось, что форма напоминала последнюю екатерининскую, упрощенную Потемкиным, которую одобрял и Суворов.

— Вон с глаз моих! — прокричал Павел сыну и тотчас загнал его вместе с женою в холодный дворец в Царском Селе, где сидели в комнатах в теплой верхней одежде.

Константин злобно сказал:

— Суворову завидует отец. Ныне будет преследовать всех, кто с ним отличился в походах.

— Дурак и мальчишка, — отозвался Павел, узнав про эти слова. — У цесаревича трактирные рассуждения. Душе моей зависть чужда. А того он не смыслит, что вся боль моя от посрамления великой системы? Она одна может удержать в повиновении русский народ...

После столкновения с сыном Павлу не остановить было мыслей о том, что Суворов втоптал его гатчинскую систему в грязь: ославил на весь мир! И вот едет он, победитель, пример всем военным. Да ведь он разложит все войско. Недаром столь лукаво выставляет против Фридриха самого Петра Великого, будто сказано у него в уставе воинском: "Офицерам потребно рассуждать, а не держаться яко слепая стена".

Втайне Павел никогда не переставал питать к Суворову вражду, доходившую до мелочей. Так, дав ему по необходимости княжеский титул, не разрешил именовать его светлостью, как Безбородко и Лопухина. И сейчас с каждым часом вражда эта росла. Если Суворов останется жить, окруженный всеевропейской славой, он, конечно, станет еще дерзновенней по своим взглядам на войско, он — генералиссимус, начальник всех военных сил! Одним своим почетным пребыванием в столице он расстроит военную систему, созданную с таким трудом. Ей отдана с юности, с гатчинского изгнания, вся жизнь. Недопустимо.

И в таком случае, если он не умер вовремя, пусть приедет не в славе и почести, а как опальный, как ослушник императорских уставов. Пусть осуждает вся Европа — всё лучше, чем суворовское торжество. В священном споре о том, как управлять самодержцу вверенной богом страной, решающее слово должно принадлежать не генералиссимусу, каким-то диким волшебством одержавшему противу всех воинских правил победы, а тому до мелочей доведенному порядку, который угоден не только ему, Павлу, — самому богу. А тут кругом еще шепоты о поражении приверженцев гатчинской системы — разбитого Корсакова, и взятого позорно в плен со своим войском Германа, того, кто приставлен следить за Суворовым. Оба разбиты наголову. Суворову же въезд с колоколами и пушками? Нет, не бывать тому.

И вот новый приказ:

"Его величество с неудовольствием замечает по возвратившимся полкам, сколь мало приложено старания к сохранению службы в том порядке, как бы его императорскому величеству было угодно, и, следственно, видит, сколь мало они усердствовали в исполнении его воли и службы".

— Это моим-то великомученикам? — усмехнулся Суворов. — Ему, видно, косы дороже голов.

А через несколько дней еще прибавка к выговору.

"Во всех частях сделано упущение: даже обыкновенный шаг нимало не сходен с предписанным уставом".

— Так, — ухмыльнулся Суворов. — А все же история нам запишет и нас немало почтит за то, что не каким шагом, а на собственной заднице мы в Швейцарии с гор в бездну съехали и тем честь русского войска спасли.

Донесли. И еще те слова, что, покачав седой головой, с великой горечью произнес:

— Слов нет — важен руль. А куда важнее рука, что рулем управляет.

Двадцатого апреля Суворов тихим ходом въехал в Санкт-Петербург. Встречи не было никакой. Надо было сразу подчеркнуть, что прибыл не покрытый всемирной славой полководец, а не угодивший государю строптивый подданный, которому надлежит строгий ответ держать за свое дерзновение.

И не успела карета с умирающим приехать на Крюков

канал в дом его родственника графа Хвостова, как доложили курьера от государя. Словно сам пугаясь своего мелочного и низкого гнева, торопился Павел добить врага. Прислал глупое запрещение:

"Генералиссимусу князю Суворову императорский дворец посещать возбраняется".

Умно, почти весело улыбнулся Суворов и сказал, слабой рукой указывая на свое безжизненное, умирающее тело:

— Куда мне во дворец? И для малой нужды уж не встать.

И, словно отмахнувшись от злой суеты мира, соединив свой возвышенный дух с одним любимым делом и войском, Суворов стал медленно умирать.

Он часто терял сознание, когда же приходил в себя, опять был жив духом, устремлен к одной своей цели: победе оружию русскому. Исправлял ошибки прошедшей кампании. Рвался все в Геную, куда не пустил его в свое время гофкригсрат и что могло бы изменить весь характер похода. Просматривая со стороны, со всей строгостью, собственный жизненный путь, осудительно сказал:

— Гонялся за славою — все мечта.

Долго молчал, закрыв глаза, почти не дыша, — не легко брала его смерть. Наконец словно подвел окончательно итоги своих трудов, упований, всего богатого наследства, оставляемого потомству, и, как бы передавая себя в историю, произнес:

— Как раб умираю за отечество.

Суворов умер в полдень шестого мая 1800 года. Вокруг дома тотчас выросла толпа народа — все плакали, все нелицемерно любили его.

Державин отозвался взволнованной лирой:

Вcovторжествовал — и усмехнулся
Внутри души своей тиран,
Что гром его не промахнулся,
Что им удар последний дан
Непобедимому герою,
Который в тысящи боях
Боролся твердой с ним душою
И презирал угрозы страх.

Армию охватила глубокая, безнадежная скорбь. Солдаты знали, что потеряли отца и полководца. В "Петербургских ведомостях" же не было напечатано ни слова ни о смерти, ни о похоронах Суворова.

Воинские почести велено было воздавать рангом ниже, не как генералиссимусу, а как фельдмаршалу.

В погребальной церемонии участвовали только армейские части. Гвардия назначена не была — будто бы вследствие усталости после недавнего парада.

Мите казалось — он похоронил родного отца. Скорбь его и Маши была беспредельна. Так еще живы были в памяти веселые дни в Богемии по пути на родину, дни отдыха после нечеловеческого похода, после ранения, после отчаянных часов отказа от личной жизни и любви. То Митя видел Суворова как живого, впереди всех на старой любимой его кобылке, в родительском плаще, готового ринуться в снежную бездну или укреплявшего соленой шуткой, вызывавшей грохот смеха, подобный обвалу, своих ослабевших от изнурения чудо-богатырей. Видел его перед взятием Нови, когда вдохновенная воля его источала энергию почти зримую, как стрелы молнии, и ею зажгла все войско и свое и союзное. Вспоминал и иное: как он вошел в чуть освещенный рассветом лазарет, в его палату, и склонилось над его койкой необыкновенное лицо с глазами, блистающими голубизной и добротой. Митя чувствовал, что навеки связана его жизнь — как в беде, так и в большом счастье союза с Машей — с этим необычайным полководцем-отцом. И оправдать надо его аттестацию: "Вы с Машей не пустобрехи-болтуны, а люди".

Клянусь... оправдаем.

Так мысленно обещал Митя Суворову, не стыдясь слез своих и детской сыновней любви.

У Воронихина собрались провожать Митю с женой, уезжавших в Каменку, немного близких друзей. И было так странно, когда в этом тесном кругу появилась вдруг Катрин Тугарина.

— Мне так захотелось, — сказала она застенчиво и непривычно просто, — мне захотелось, Машенька, еще раз увидеть вас и познакомиться с вашим мужем.

Катрин протянула руку Мите и, повернувшись к Карлу Росси, спросила:

— Ведь это тот самый Митя, друг ваш?

— И ваш, если позволите, — низко кланяясь и целуя ей руку, сказал Росси.

— О, мы вас никогда не забудем, — воскликнул Митя, — ведь нашим счастьем обязаны мы только вам.

— Нет, нет, — прервала, зардевшись, Катрин, — прежде всего самим себе, своей благородной любви, которая дала такой всем нам урок. — Она смешалась, виновато глянула на Карла.

Карл близко подошел и спросил, понизив голос!

— А ваша собственная свадьба когда?

Он старался сказать как можно бесстрастней, но легкая краска и опущенные дрогнувшие веки его выдали.

Катрин все так же просто, без прежней игры, ответила:

— Я отказала Игрееву. Я с отцом моим на днях еду в Италию, должно быть надолго.

— Как рад я... — против воли вырвалось у Карла.

Катрин протянула ему руку, крепко пожала и, глядя ему прямо в глаза, без кокетства сказала: — Благодарю вас за эти слова.

Глава четырнадцатая

Смерть Суворова, постигнутого внезапной опалой Павла, особенно взволновала всех близких ко двору. Этот капризный переход Павла от величайших похвал к мелочной придирчивости, оскорбительной для великого полководца, возмутил его почитателей и даже равнодушных. Неуверенность в завтрашнем дне еще увеличилась, истерзала всех страхом и ускорила враждебное Павлу объединение. Никто не желал разбираться в смягчающих обстоятельствах, превративших этот характер в "чудище деспотизма", как о нем писали иностранцы.

Ненависть к Павлу особенно усилилась после того, как устранено было коварными наговорами бескорыстное влияние Нелидовой. Это произошло в дни московской поездки и встречи с новой фавориткой — Анной Гагариной.

— Почему меня в Москве так любят, а в Петербурге словно боятся? — наивно спрашивал Павел, принимая восторги москвичей, еще не запуганных, как петербуржцы, каждодневным стеснением узаконенных выше инструкций, дабы и частная жизнь обитателей шла по-фридриховски, по-нашему — по-гатчински...

Ловкий, кем следовало наученный, Кутайсов отвечал, что в Петербурге все злое приписывается государю, а все доброе "эти дамы", государыня и Нелидова, считают делом своих рук.

К слову сказанными намеками Кутайсов все время внушал Павлу, что он является игрушкой в руках Нелидовой и жены. Павел пришел в неистовство и твердо решил принять меры, пресекающие всякие разговоры о порабощении его воли.

По своем возвращении Павел дал при первом же случае очень резко понять Нелидовой, что он "на помочах" водить себя больше ей не позволит. И скоро огорченный вчерашний "ангел-хранитель" вместе с отставленным петербургским губернатором Буксгевденом уехала в замок Лоде. Отдален был также со всею семьей очень преданный Павлу его друг детства Куракин — все теми же происками новой партии, вступающей в силу.

Во главе ее стояли два человека немалой энергии и дарований: Никита Петрович Панин и, ганноверец по происхождению, Пален. Вице-канцлер Панин, человек европейской складки и основательного образования, утратив все надежды на возможность руководить болезненным непостоянством мыслей и поступков Павла, грозящих, по его мнению, гибелью России, решил всеми силами способствовать его устранению от власти.

За несходство взглядов на внешнюю политику, а также за противопоставленную капризным прихотям государя большую последовательность и силу характера Панин был сослан. К тому же дерзновенное остроумие Панина, на которое, казалось, ему давало право совместное воспитание в детстве с государем, было нестерпимо для Павла. Рассказывали, что не так давно Павел, остановившись перед портретом Генриха Четвертого, с горечью воскликнул:

— Счастливый государь, он имел друга в таком великом министре, как Сюлли. У меня ж его нет.

Уязвленный Панин тотчас нашелся сказать:

— Будь только ты Генрихом Четвертым, найдутся и Сюлли.

Первый свой заговор Панин составил вместе с адмиралом де Рибасом, но тот внезапно умер. Панин же принужден был отправиться в ссылку. Но и в отдалении от столицы Панин замыслов своих не оставил. Он оказывал сильное влияние на единомышленника своего графа Палена, которому настойчиво советовал возможно скорей подобрать надежных и крепких помощников.

Пален взялся умело за хлопоты о возвращении из ссылки братьев Зубовых и генерала Беннигсена, известного ему большим хладнокровием и мужеством.

Зубовых удалось вернуть благодаря тому, что заинтересовали в этом деле Кутайсова, неизменного Павлова любимца. Ему Платон Зубов прислал письмо, где сватался к его дочери, и бывший брадобрей, которому было лестно породниться с князьями, упросил об их вызове Павла.

Павел встретил Платона Зубова великодушным восклицанием: "Вторично забудем прошлое!" — и при всей своей подозрительности вдруг оказался непонятно благосклонным к старым врагам, словно поверил в наружно выраженную преданность, и дал всем трем братьям высокие назначения.

Немедленно завелся у Зубовых свой кружок, где и разрабатывался в подробностях заговор, задуманный Паниным, но скоро принявший, под властью Палена, более грубую и насильственную форму. Подбирались нужные люди, обиженные Павлом и своих обид ему не простившие. Был между ними полковник конногвардейской артиллерии Владимир Яшвиль, которого Павел в гневе прибил, был влиятельный командир Преображенского полка Талызин, за которым стоял весь полк, были и другие...

Но самой сильной опорой заговора, главой его, являлся сам граф Пален, человек умный и сильный, для которого в смысле государственном и в отношении личном Павел был ненавистен. Он умел расположить своим видом откровенного военного человека, умело играющего прямотой, прикрывая ею коварство необыкновенное и умную дальновидность. Как отличный исполнитель приказов императора, умеющий распоряжаться и править людьми, граф Пален стал скоро необходимейшим лицом. Ему Павел доверил высший надзор за почтой, полицию явную и тайную, сделал его петербургским военным губернатором.

Однако, несмотря на свое высокое положение, или, вернее, благодаря именно ему, Пален больше, чем кто-либо, мог опасаться внезапной перемены своей судьбы, ссылки в Сибирь или, в случае открытия заговора, еще чего-нибудь худшего. Он уже испытал на себе превратность фортуны при непостоянном императоре. Давно ли совсем был в опале из-за встречи Зубова в Риге, с отданием в приказе оскорбительного для него определения той простой вежливости, которую он оказал Зубову, как "враждебной подлости".

Еще чувствительней был задет Пален оскорблением, нанесенным его жене. Пален не сделал доклада об одном известии, полученном им из Вены, относительно дуэли некоего молодого человека, туда в гневе отосланного Павлом, дабы удалить его от двора, а Обольянинов, генерал-прокурор, ища погубить Палена, донес об этом сокрытии государю, сказав:

— Если о таких вещах вашему величеству не докладывают, могут умолчать и о важнейших.

Павел измыслил тонкую месть: когда жена Палена, первая статс-дама, приехала, как ей полагалось по званию, в торжественный день ко двору, ей нарочито публично было объявлено, чтобы она возвращалась домой и больше во дворец не являлась.

Пален, вступив в должность военного губернатора Петербурга, стал вооружать против Павла войско и жителей. Усиливал недовольство гвардии, которая и так уже была настроена против Павла за то, что он сравнял офицеров лучших семей, избалованных екатерининскими милостями, со своими грубыми гатчинцами, людьми темного происхождения и плохих манер.

Политика Палена была противоположностью поведения Нелидовой: не желание исправить совершенные ошибки, смягчить жестокость, а, напротив того, довести ее до высшего предела, дабы заронить в сознание окружающих необходимость устранения самой причины этой жестокости.

Суеверный Павел, по чьему-то пророчеству уверившись, что после четырех лет ничто власти его не угрожает, вдруг решил вернуть обратно всех им сосланных.

Тысячи двинулись в Петербург со всех концов. Первые были приняты с распростертыми объятиями и получили отличные места, вторые мест не получили, а третьи просто-напросто надоели Павлу, и, подзуживаемый Паленом, он никого принимать не велел. Люди без средств, растеряв все знакомства и протекцию, просто гибли с голоду, проклиная произвол деспота.

Как военный губернатор, Пален имел в своем распоряжении все заставы, тайную и явную полицию, заведовал внешними сношениями и почтой. Все повеления Павла шли через его руки. Не дав ему одуматься, Пален грубо и немедленно приводил их в исполнение, чем создавал все новых врагов. Именем Павла граф Пален правил таким образом, что как в России, так и за границей окрепло представление, что русский император сошел с ума.

Важнейшие события произошли во внешней политике Павла. Как недавно он соединен был с первой коалицией, возглавляемой Питтом, с целью низвергнуть власть, "узурпированную" Бонапартом, и передать ее обратно законным Бурбонам, так сейчас, под влиянием умного воздействия клевретов первого консула — иезуитов, вчерашнюю ненависть заменил восторженным обожанием этого нового государя французов, "если не по имени, то по существу". Право на власть и помазание незримой благодатью, по уверению Грубера, перенесены были высшей волей на того, кто, наконец вняв голосу всевышнего, предлагал священный остров Мальту ее гроссмейстеру в ту минуту, как попавшая в сети "темных сил" Англия этим островом завладела и не имела намерения его уступить. Разрыв с Англией наносил великий вред заграничной торговле", ибо за сырые произведения русской почвы Англия снабжала мануфактурой и колониальными товарами. Эта торговля обеспечивала дворянство в верном получении доходов со своих поместий, отпуская за море хлеб, сало, корабельные леса, мачты, лен и пеньку.

Разрыв с Англией окончательно возбудил дворянство против Павла. Мысль извести его стала желанной для знати обеих столиц.

Наполеон между тем, получив неожиданную поддержку недавнего врага, русского императора, решил привести в исполнение свой великий план обессиления Англии. Под начальством блестящего Массены он задумал поход на Индию, для чего французы в назначенном месте должны были соединиться с русскими.

Этим походом воображение Павла было захвачено чрезвычайно. Он сразу захотел наибольшего — обеспечить России преобладание в Индии. Без согласия Наполеона он двинул войска на Хиву и Бухару, о чем последовал приказ Орлову, атаману Войска донского: "Я готов атаковать англичан там, где меньше ожидают. А владения их в Индии самое лучшее для сего".

Павел вознамерился выполнить этот поход при помощи одних казаков, отчего пошли тотчас разговоры, что государь хочет казачество извести, ибо ненавидит его за древнюю неистребимую независимость. В строжайшем секрете держалось передвижение войска, отправленного, как все полагали, на явную гибель.

Последние выходки Павла привели в волнение все население Петербурга, заговорили уже громко, что дальше терпеть нельзя. Панин настаивал, чтобы скорее было вырвано у Александра согласие предложить больному отцу подписать акт об отречении от престола.

Вначале предполагалось, что Александр назначен будет соправителем.

Уже некоторое время тому назад Панин сделал попытку приготовить Александра к этому шагу. Он первый заговорил с ним о сокращении власти отца. Граф Пален, в качестве военного губернатора свободно встречавшийся с наследником, устроил Панину встречу с ним в ванной комнате, дабы избежать подозрений Павла.

Панин красноречиво изобразил Александру, какие беды испытывает Россия и что ее ждет еще впереди, если сейчас не пресечь самодурство несомненно больного государя... Александр, имевший в характере много робкой уклончивости, пока только краснел и отмалчивался.

Торжественное освящение Михайловского замка произошло в день Михаила архистратига, восьмого ноября. Было парадное шествие из Зимнего дворца мимо войск, поставленных шпалерами, и при громе пушек. При обеде, назначенном в час дня без гостей, присутствовал и граф Пален. Он, словно хозяин, ввел Павла в этот мрачный дворец, из которого замыслил выпустить его лишенным сана либо вовсе не выпустить живым.

В гоф-фурьерском журнале записано: "Кубков на случай сего торжества приуготовано не было, а пили вино из обыкновенно употреблявшихся граненых рюмок".

Страшная сырость принудила Павла отложить переезд еще на месяц. За это время срочно сделали в спальнях деревянную обшивку, и наконец желанный день наступил.

Приказано было при осмотре дворца присутствовать строителю Бренне с учеником. Выбран был Карл Росси.

Когда Карл вошел вслед за учителем, император уже стоял в передней овальной комнате у бюста короля Густава-Адольфа.

Павел был в хорошем расположении духа, он, смеясь, говорил стоявшему рядом высокому, дородному Палену о большом полотне художника Смуглевича: архистратиг Михаил свергает демонов в бездну.

— Его стыдливость горше открытой непристойности. Придумать такую почти дамскую хитрость! У Смуглевича каждый свергаемый с неба демон как бы случайно прикрывает причинное место другого демона рукой, ногой или волосами растрепанной головы. Получилось такое смешное неприличие, что духовные особы запротестовали. — И, обращаясь к Бренне, Павел добавил: — Прикажите Смуглевичу прибегнуть лучше к освященному веками целомудренному фиговому листу.

Не улыбаясь, придворный архитектор склонился перед Павлом:

— Не замедлю исполнить, ваше величество.

Все еще смеясь, Павел быстрым шагом стал пробегать комнаты. Он видел их много раз, но так любил этот свой новый замок, где никто до него не жил, о котором были ему торжественные видения и предсказания долголетия. Чувство защиты внушали ему эти толстые непросохшие стены. Никакое пушечное ядро их не возьмет.

Следующая комната была тронный зал, ее стены покрыты зеленым бархатом и затканы золотом. Огромная печь богато отделана бронзой, а трон обит красным бархатом, заткан и вышит золотом. Над троном герб России, окруженный гербами царств Казанского, Астраханского и Сибирского.

— Предок мой, Грозный, покорил эти царства, — Павел широким движением обвел гербы, — а я прибавил маленький остров Мальту и белый восьмиконечный этот крестик. Но по значению своему мое приобретение окажется больше всех земель, завоеванных до меня!

Он надулся, как бы желая стать выше ростом, но все еще на

целую голову был ниже грузного Палена, которого гордо спросил:

— Сомневаетесь, граф?

— Ваше величество, из вифлеемских яслей засиял некогда свет для всего мира, то же повторится и с указанным вами островом, — почтительно склоняясь, тоном старшего, забавляющего ребенка, сказал Пален. — Отныне белый мальтийский крест с вашим именем в истории неразлучен.

— Самое большое зеркало! — не дослушав, вскричал Павел и захлопал в ладоши, подбегая к простенку между двумя кариатидами, — И оно вылито на моем стекольном заводе.

Прошли галерею, в подражание знаменитой лоджии Рафаэля расписанную по стенам арабесками Пьетро Скотти и великолепными фигурами Виги. Дальше через широкие и высокие двери из зеркальных стекол вошли в галерею Лаокоона. На минуту Павел задержался перед запрокинутой головой страдальца и, тихо вздохнув, вымолвил:

— Какова, однако, сила искусства? Изображено страдание величайшее, а нам на него смотреть — не скорбь, а блаженство. Когда б кто так в живой жизни устроил?

Бренна придворно вытянулся и доложил:

— Осмелюсь указать, что сей Лаокоон скопирован в Риме с антика, высечен из единой глыбы мрамора, без пятен и жилок...

— Я совсем не о том, — прервал его Павел и, захохотав неприятным отрывистым смехом, пробежал дальше, вдруг остановился и сказал тоном приказа Бренне:

— Еще раз осмотреть все места, неблагополучные по сырости, и представить на рассмотрение мне. Только прошу не повторять заодно с лекарями, — он сердито обвел глазами Александра и Палена, словно они только и делали, что повторяли неприятные ему вещи, — не повторять, что в этом здании большой вред для здоровья. Здесь я родился — в Летнем дворце, здесь я хочу умереть — в Михайловском замке. Однако не сейчас еще...

Павел опять неприятно засмеялся и, обращаясь к Александру, сказал:

— Заинтересован посмотреть: какую это любопытную статую себе выписал из Рима ваш брат Константин?

Александр, сразу съежившись, тихо ответил:

— Я ее не видал еще, ваше величество.

Бренна сделал знак Росси следовать за государем, а сам пошел навстречу появившемуся в глубине апартаментов кастеляну Брызгалову и о чем-то стал с ним говорить.

Павел в комнате цесаревича долго рассматривал прекрасную мраморную копию гермафродита. Он все сильнее краснел, потом сердито зафыркал и закричал:

— Непристойность. Убрать. Разбить молотками...

— Ваше величество, — сказал Росси, — это высокое произведение искусства, а не непристойность, и мысль его философски возвышенна.

Павел подбежал к Росси, бешено глянул в его красивое лицо, но, встретив ясность взгляда, вдруг остыл и спросил больше с любопытством, чем с гневом:

— Крайне заинтригован, сударь, узнать сию возвышенную идею муже-женского кумира.

— Это произведение вдохновлено известным мифом Платона о том, что первоначально человек был и мужчина и женщина в одном образе и едином теле. Будучи рассечены надвое, став раздельными, одинокими, мужское и женское начала жадно ищут утраченное ими восполнение. Чаще всего при встрече они ошибаются, отчего и проистекают все горести и неудачи любви. Но если произойдет великая удачная встреча, она принесет и великое счастье. Эта скульптура — копия из виллы Боргезе. В изящных формах, взятых от обоих полов, она есть попытка восстановления первоначального, в себе самом законченного человека.

— Чудесно! — воскликнул восхищенный Павел. — Гермафродит нашел себе прекрасного адвоката, а мне преподан прекрасный урок. Но почему, сударь мой, некие прочие, — он насмешливо поглядел в сторону Александра, — или молчат, или спешат соглашаться с моим часто неправильным суждением?

И Павел, всем поклонившись, прошел было в свою спальню, но быстро обернулся, как это у него теперь вошло в привычку, и, заметив, что Пален что-то говорил Александру, резко приказал:

— Граф Пален, за мной. Наследнику успеете передать ваши новости.

Пален почтительно склонил голову, чтобы скрыть невольную бледность. У него в кармане, на листке толстой несгибающейся бумаги, были написаны имена заговорщиков. И он только что сказал Александру, что пробил час поставить ему там свое имя — первым.

Росси нашел в глубине тронного зала Бренну с Брызгаловым.

Учитель по-французски продиктовал ему для записи все, что требовало немедленной поправки.

— Уже назначен бал, — сказал Бренна, — необходимо хоть для одного этого вечера создать здесь видимость сухих стен.

Карл указал на полосы льда в аршин шириной, которые тянулись сверху донизу по всем углам.

— Горячим утюгом, что ли, стенки прогладить, — проворчал Брызгалов и, ткнув своей палкой в лед, покачал головой. — Просуши-ка поди, когда лед в перст толщиной.

— Передайте ему, милый друг, он мою русскую речь плохо разумеет, своим обычным высоким штилем приказал Бренна, — необходимо так расположить освещение, чтобы в углах сгустились тени и укрыли от глаз публики сырость.

Росси перевел. Брызгалов, поняв, в чем дело, подмигнул и залихватски сказал:

— Вотрем очки! Бумажками так накурю, что твой туман в лесу будет.

Несмотря на постоянный огонь в двух огромных каминах, плесень, разрушающая живопись, уже прозмеилась повсюду, искажая и уродуя картины. Прошли дальше, в покои императрицы, которая сейчас отсутствовала, а ее дежурные фрейлины пожаловались, что не могут согреться, несмотря на отличные березовые дрова в камине.

В комнатах Марии Федоровны стены были обшиты деревом, и сырость, скрытая обивкой, не успела еще испортить чудесных ковров бледно-голубого фона с видами Павловска. В нише стены белела мраморная копия с Бернини — Аполлон и Дафна. Роскошные двери вели в кабинет, чрезмерно украшенный и тяжелый. Зато парадная спальня, которая за ним следовала, при всей роскоши была воздушна и словно расположена прямо под вечно голубым небесным сводом. Эту иллюзию делал бархатный балдахин с богатой позолоченной резьбой, высоко поднятый над кроватью. Дополняла впечатление легкости стройность коринфских колонн, разделенных диванами, тоже голубыми. Все это богатство много раз было отражено зеркалами. Тронный зал императрицы был меньше, чем у Павла, с богатым камином, украшенным барельефами девяти муз. А к трону вела всего одна ступень. Рядом с тронным залом была расположена галерея Рафаэля с чудесными коврами — копиями знаменитых ватиканских картин. Средняя плафонная картина изображала храм Минервы. На ступенях храма восседали свободные искусства, и лицо грека, изображавшего зодчество, было списано с архитектора Бренны, чем последний очень гордился. Его прославили в городе как человека, очень нажившегося на постройке замка, который и построен-то им по чужому, баженовскому, плану. И это свое изображение во дворце на плафоне покоев самой императрицы Бренна воспринимал как высокую аттестацию его добродетели, закрывающую рот всякому злословию.

— Мне все кажется, милый друг, — сказал он Карлу, — я здесь, на плафоне, несколько польщен, в натуре я много старее. Не так ли?

— О нет, — едва удержавшись от смеха, возразил Карл и, снисходя к слабости учителя молодиться, любезно прибавил: — Сходство изрядное, и художник вам ничуть не польстил.

Галерея Рафаэля вела в залу с прекрасной античной статуей Вакха и Дианы Гудона.

Здесь кончались парадные императрицыны покои. Последняя зала соприкасалась с караульной комнатой, где всегда на часах стоял взвод. С плафона кисти бездарного Смуглевича — того самого, который написал неприличных демонов, — наподобие брошенного мешка, без выражения доблестной жертвенности, свергался в пропасть Курций.

— Милый друг, — сказал, прощаясь с Карлом, Бренна, когда они уже вышли из дворца и собирались идти в разные стороны, — перед балом посмотрите еще за Брызгаловым. Я думаю, лучше распределить вам самим похитрей освещение. Дело будет надежней, нежели допустить кастеляна, накурить до тошноты этой церковной душистой бумажкой, как она называется? — и, плохо выговаривая по-русски, он вспомнил сам: — Мо-нишка?

— Монашка, — улыбнулся Карл и перевел Бренне это слово по-французски и по-итальянски.

Пален вслед за государем прошел через Рафаэлеву галерею в его апартаменты. Прихожая расписана была отличными картинами Ван-Лоо, темой которым послужили легенды из жизни св. Григория. Во второй метнулся в глаза потолок, плафон работы Тьеполо, где Антоний и Клеопатра восседали в смешных, им не современных костюмах. Третья комната — библиотека Павла. Здесь были шесть шкафов красного дерева, на которых стояли красивые вазы из порфира. В этой комнате всегда дежурили лейб— и камергусары. Отсюда боковая дверь вела в кухню, и кухарка-немка готовила исключительно для государева стола. Павел сильнее всего опасался отравы.

Другая дверь вела в маленькую комнату, предназначавшуюся для постоянной стражи и соприкасавшуюся с витой лестницей. Она шла во двор, где стоял один часовой. По ней же Павел мог приходить никем не замеченный в апартаменты Гагариной, которые располагались прямо под его кабинетом.

В спальне императора стены тоже были обложены деревом и выкрашены в белый цвет. Посредине стояла его малая походная кровать, без занавесок, с простыми ширмами. Над кроватью ангел-хранитель Гвидо Рени. В углу портрет рыцаря-знаменосца кисти Жана Ледюка. Рыцарем этим очень дорожил Павел: он считал его своим особым защитником.

Письменный стол императора был замечателен: он стоял на ионических колонках из слоновой кости с бронзовыми цоколями и капителями. Решетка, тоже из слоновой кости, самой тонкой работы, украшенная маленькими вазами, была выточена Марией Федоровной.

Великолепный ковер покрывал пол. В комнате были две двери, скрытые занавесью: одна дверь была в уборную, другою запирался шкаф, в который прятались шпаги арестованных офицеров. Двойные же двери, которые комнату императора отделяли от комнаты императрицы, были закрыты задвижкой и заперты ключом по приказу Павла, вдруг ставшего опасаться жены под влиянием злых наговоров графа Палена. Стена была очень толста — императрица не могла бы услышать ни шума, ни криков из комнаты императора.

Павел показал графу Палену все свои картины, особенно остановился на рыцаре-знаменосце Ледюка.

— Этот рыцарь, — сказал он, — мой хранитель, больше скажу вам, дорогой Пален, — он мой советник. Сам крестоносец, он вдохновил меня на великую идею негласного крестового похода на восставшие темные силы.

Лицо Павла было смешно и вдохновенно. Он поднял голову, высоко поставленные надбровные дуги поднялись еще выше, крошечный носик опрокинулся вместе с ними, показав две открытые трепетные ноздри и очень большие голубые сияющие глаза. Они одни были живыми и человечески полными чувства на этом странном лице, похожем на маску.

— Осмелюсь спросить, — осторожным, ласковым дядькою, привыкшим руководить озорным питомцем, сказал тихо Пален, — о каком негласном крестовом походе ваша речь?

— О походе на Индию! — воскликнул Павел, подходя к рыцарю. — Не правда ли, мой покровитель? — Он быстро обернулся к Палену. Тот стоял, высокий, доброжелательный, с такой добродушно-откровенной улыбкой на большом, отчетливо вылепленном лице, что Павел, как всегда у него бывало, когда он оставался наедине с этим крупным человеком, источавшим здоровье, поверил ему, успокоился и доверчиво рассказал:

— Я, как помазанник божий, обязан охранить мой народ. То, что кажется профанам сумасбродством и моей капризной прихотью, — есть веление свыше. Пока я знал, что божий перст почиет на Англии, ибо она была против мятежной Франции, я, как вам известно, отправил войска свои в итальянский поход. Но сейчас высшей силе добра служит Франция, и я готов поразить в Индии англичан.

Пален призвал на помощь всю свою придворную выдержку и еще тише, спокойнее и добрее сказал:

— Смею спросить, ваше величество, что же является руководящим, так сказать, указующим вам сию истину перстом?

— Остров Мальта! — воскликнул Павел. — Сейчас его захватили, как разбойники, англичане и, как разбойники, не хотят возвращать его мне гроссмейстеру! — с невыразимым величием и уважением к этому титулу поднял он к рыцарю правую руку, как бы его беря в свидетели. — А первый консул... — он прошептал Палену, как великую тайну — на самом деле это великий монарх, это душа великого монарха в нарочитой оболочке, дабы не узнали профаны. Первый консул мне предлагает вернуть святой остров обратно. И против силы тьмы мы сейчас с ним едины.

Пален, удерживая с усилием прежнее выражение на лице, еще нагнул голову, как бы благоговейно принимая доверие, оказанное ему императором, а сам зло и жестко подумал: кончать с ним немедля... обработали иезуиты.

— Но это высказанное вам обоснование моих действий между нами, не правда ли, Пален? Подчиненные не имеют права, как в святилище, проникать в душу монарха. Им слово помазанника — закон. Так, Пален?

— Ваше величество... — низко склонился всей грузной фигурой Пален.

— Ах, как мне здесь хорошо, как весело! — Внезапно Павел легко, по-мальчишески пробежался вдоль стены и стал близко к Палену. — Я здесь наконец себя чувствую дома. Я охранен. Я принадлежу сам себе. Здесь я с удвоенной ревностью хочу заняться благосостоянием моего народа. Что нового принесли вы сегодня мне, Пален?

И вдруг ловко и быстро, как обезьяна, Павел, чуть приподнявшись на носки, запустил свою руку в карман Палена.

Пален страшно побледнел, в один миг своей рукой отодвинул небольшую ладонь императора и, прикрыв несгибавшийся листок бумаги, захохотал так заразительно искренно, что, еще не поняв, в чем дело, не вынимая руки из кармана Палена, государь ответил ему отраженным смехом.

— Махорка! — все еще захлебываясь смехом, наконец выговорил Пален.

Смеясь, он таким взглядом смотрел в голубые глаза государя, как будто через их голубизну вторгался в несчастную его голову, и, по своей воле переместив его мысли, воскликнул еще и еще:

— Махорка в этом кармане, махорка! Ведь я нюхаю, а вы этого запаха не выносите, ваше величество... ха-ха...

Павел вытащил руку, отряхнул ее, вытер платком, смеясь, поплевал, говоря:

— Что за свинство... махорка!

И, как всякий человек, после веселого беспричинного смеха испытывая облегчение душевного груза, благодарно сказал:

— Ну и насмешили меня. А теперь идите к Александру, его тоже полезно посмешить. Что-то не по возрасту мрачны мои сыновья.

Апартаменты Александра были просты, исключая приемных: большой зал, разделенный надвое аркой на ионических колоннах белого мрамора, был украшен великолепными картинами, из коих одна — кисти Рубенса. Зал вел в тронную великого князя. Здесь стены, обтянутые пурпурным бархатом, были затканы серебром, на ковре, не приподнятом ступеньками от прочего пола, стоял трон. Часто, стоя под балдахином, Александр давал аудиенции.

Сейчас Александр сидел на диване в своем кабинете и упорно смотрел в камин. Дрова пылали, а ему было холодно. Вот-вот придет Пален, потребует от имени государства возглавлять заговорщиков...

Как заблудившийся ребенок о любящей матери, он со слезами подумал о Лагарпе, добром и умном учителе юности. Был бы здесь, вот кто б помог.

А что недавно сделал батюшка на смех всей Европе с этим Лагарпом? "За неистовое и разнузданное поведение отнять орден Владимира" — глупейший приказ, и такое же поручение Корсакову — схватить Лагарпа с фельдъегерем и привезти в Петербург для отправки в Сибирь. За что, спрашивается? За то, что во время суворовского похода Лагарп находился во главе швейцарского правительства, по мнению батюшки — мятежного. А то позабыл отец, что навеки должен быть благодарен сему Лагарпу. Он был единственным человеком, который пытался возвысить отца во мнении сыновей. И честный Лагарп отказался от участия в замыслах бабушки лишить отца трона. Вот благодарность его...

Александр взволновался, вышел из кабинета, стал ходить по мягкому ковру тронного зала. Это его несколько успокоило, показалось — гуляет по скошенному сену на цветочном лугу. Даже захотел позабавиться, на минуту стал под балдахин, огляделся вокруг, вообразил себя вдруг весьма далеко, на лоне каких-то светлых вод, и улыбнулся желанной свободе.

Доложили о Палене. Александр помертвел, велел провести в кабинет, куда прошел снова сам.

— Необходимо, чтобы ваше высочество прочли вот это, — сказал Пален, подав перлюстрированное письмо Семена Романовича Воронцова к Новосильцеву. — Я бы должен по долгу службы передать его государю, но... передаю вам.

Александр взял молча письмо, стал читать, скоро пальцы его задрожали. Письмо было некоей прозрачной аллегорией.

"У меня нет надежд в настоящем, — писал приятелю Воронцов, — я уповаю на утешение в будущем. Наша жизнь то же самое, как ежели бы мы с вами очутились на корабле, капитан и весь экипаж которого принадлежали бы к народу, языка которого мы не понимаем. Поднялась страшная буря, и вдруг капитан сошел с ума и по капризу своему бросает за борт одного за другим матросов. Скоро все мы будем погублены этим сумасшедшим, который вместе с нами погубит и весь драгоценный груз корабля. Одна надежда на спасение, если молодой помощник капитана, к которому весь экипаж преисполнен доверия, возьмется за руль. Его нам о том надлежит заклинать".

Александр понял, залился краской, все затрепетало внутри, а Пален, как бы пригвождая к месту своими круглыми властными глазами, сказал:

— Каких же еще доказательств вам надо, чтобы поверить, сколь для всех тягостно государством несомое бремя?

Александр попытался робко спастись возражением:

— Придворных кучка в сравнении с народом. А народ...

— Народ, — прервал Пален, — но разве вашему высочеству не известно, что двенадцатого января отдан приказ о выступлении в Индию донским казакам? Двадцати двум тысячам человек приказано делать тридцать — сорок верст в день. Что они терпят, вы задумались? Морозы, метели, страшные лишения... крайне плохое состояние дорог. А надо протащить с собой единороги и пушки... Экспедиция задумана, как всё у нас, — вдруг, без того, чтобы собрать необходимые сведения о средствах тех стран, через кои будут следовать казаки. Без заготовки продовольствия, обоза, лазаретов, даже, как я узнал от самого императора, — без маршрутов. Наконец, вашему высочеству уже известно, что беспримерное мужество нашего итальянского похода оказалось на руку только австрийцам, — он тоже по капризу был начат и оборван... и только благодаря гению Суворова мы спасены от позора. А что ожидает донских казаков за Оренбургом? Ведь они двинуты с женами и детьми... на верную смерть.

Пален прошелся и, став против Александра, твердо сказал:

— Секретная экспедиция в Индию быть может, нужна, но предпринята безумно, без апробации Наполеона. Объявить себе войну, как это решил вскорости сделать император, Англия едва ли дозволит. Сотрудников явных и тайных у нее при русском дворе много, а врагов смертельных у нашего государя столько же. Предлагаю вам сделать выводы. Если вы не поспешите сами спасти вашего родителя, а нашего государя... — Голос Палена дрогнул. Он волновался и волнения своего здесь не скрывал. — Ваше высочество, поспешите согласием. Ведь не о каком-либо ущербе или о лишении августейшей жизни идет речь — совсем наоборот. Речь идет о том, чтобы заболевшему некоторым расстройством мысли императору дать возможность восстановить свои силы. А пока он болен — отречься от полноты власти, сделать вас соправителем. Вот о чем молит вас вся страна — пресеките возможность заболевшему государю совершать великое зло собственной стране.

Прирожденная уклончивость характера Александра, еще усиленная воспитанием, делала для него невозможным сказать решающее слово. И Александр повел себя так, как будто весь акт отречения уже позади, а перед ним одна лишь задача: как можно удобнее устроить сейчас жизнь отца.

— Я предоставлю государю им любимый Михайловский замок, — с той вынужденной скромной улыбкой, которая почему-то считалась пленительной, сказал Александр. — Верховые прогулки батюшке всего лучше будет продолжать в так называемом Третьем летнем саду, не правда ли?

Он глянул на Палена и оборвал сконфуженно речь. Пален глядел на него холодно, с затаенным презрением:

— Если ваше высочество мечтает о пребывании августейшего отца вашего в замке уже после подписанного им отречения, то на выполнение сего необходимого акта, полагать надо, ваша подпись мною будет получена.

Пален вынул из кармана тот самый листок крепкой,

негнущейся бумаги, который чуть было не вытащил у него Павел, и протянул Александру.

Как от ядовитой змеи, Александр отбежал скорым шагом к камину. Вернулся опять, хотел что-то сказать и не мог.

Пален чуть склонился, держа в руках свой листок, — строгий, сжав губы, ждал.

Александр, дрожащий, теряющий остатки самообладания, вымолвил шепотом:

— Умоляю вас, завтра. Я завтра отвечу.

— Последний срок, ваше высочество, — сурово уронил Пален, отправляя листок в карман. — Хуже будет и государю и вам со всем вашим семейством, если нас предварят более решительные заговорщики.

Он холодно поклонился и вышел.

Александр, зарыдав как ребенок, упал на диван...

Как Павлом было назначено, второго февраля был дан в Михайловском замке бал для дворянства и купечества. Два унтер-офицера пропускали в овальную гостиную. Свод этой гостиной покоился на кариатидах, промежутки занимали аллегорические барельефы. Мебель здесь была огненного бархата, отделана серебром. Плафон работы чудесного Виги изображал такое великолепие Олимпа с собранием всех богов, что казался лучезарным источником света по сравнению с погребальным освещением замка.

Тысячи восковых свечей, зажженных в канделябрах и люстрах, не могли рассеять туман, который клубился вдоль оттаявших стен и создавал полумрак, делавший однообразной всю роскошь нарядов.

Несмотря на бравурно гремевшую музыку, этот все растущий туман и погребальные свечи производили на безмолвно толпившиеся маски удручающее впечатление.

Лихо плясали только молодые чиновницы, счастливые уже тем, что попали в роскошный замок.

Павел, мрачный, свирепо оглядев маскированных большими глазами, удалился, сильно топая, в свои защищенные комнаты очень рано.

Пален разыскал Александра в галерее Лаокоона. Прошли несколько шагов рядом. Для присутствующих ничего удивительного не было в том, что военный губернатор граф фон Пален беседует с наследником. Возможно, он передает ему что-либо от государя.

Не дрогнув своим придворным, вельможным лицом, не понижая голоса и без особого выражения, Пален, сказал:

— Сегодня, в сильном гневе, его величеством было

произнесено следующее: "Скоро многие мне некогда близкие головы должны будут пасть".

Чуть повернувшись более к Александру и равняясь шагом по его внезапно замедленному шагу, Пален спросил:

— Могу ли возглавить нас вашим именем?

Боясь себя самого, Александр вымолвил:

— Можете.

Глава пятнадцатая

Павел сидел в своем кабинете и читал историю великого прадеда.

Все эти дни его особенно волновали отношения Петра к Алексею. Больше того, Павлу казалось, что по прямой линии, как правнуку от прадеда, к нему прямо в сердце идет от Петра сила, которая двинет в урочный час и его руку написать сыновьям заслуженный ими приговор. Вот только Пален представит обещанные неоспоримые доказательства...

Павел был уверен, что после распущенного правления матушки и следствия его — великого всероссийского казнокрадства, глубокой развращенности нравов — дальнейшее процветание России возможно лишь при неуклонном выполнении введенного им строжайшего гатчинского порядка. И горестно было сознавать, что достойного преемника ему не было. Хуже того, наследник по праву и крови злоумышлял на отца.

Лживый Александр, расслабленный, изнеженный бабкой, глубоко заражен вольнодумием своего бывшего воспитателя Лагарпа. И сколь он ни скрытен, когда был им узнан приказ генералу Корсакову сего женевского возмутителя с фельдъегерем привезти в Россию, дабы водворить навечно в Сибирь, — он весьма опечалился. Заодно с Константином был против отца, на стороне Лагарпа. И донесли — оба сына поносили ядовито и с издевкой его праведный суд.

Павел вскочил, пробежал из спальни в библиотеку. Рука сама собой вытащила заветную книгу о Фридрихе. Как девица идет за советом к оракулу и "толкователю снов", так и он прибегал во всех случаях жизни к своему кумиру и властителю дум. И хотя знал отлично то место в биографии Фридриха, которое сейчас ему было нужно, он для поддержки перечел его еще раз.

Это было известное событие в жизни Фридриха, еще наследного принца, которое чуть не привело его по приговору отца на плаху. И только заступничество австрийского и прочих дворов и, главное, торжественно обнаженные груди высоких военных, взамен принца предложивших пронзить их сердца, смягчили уже произнесенный, но не обнародованный приговор. Отец Фридриха удовлетворился, однако, тем, что вместо сына приказал казнить его ближайшего друга, юношу фон Катте, который согласился с ним вместе убежать в Англию от ига короля-отца. Катте был обезглавлен под окнами Фридриха, которого принудили смотреть на казнь близкого друга, пока он не лишился чувств.

"Пусть лучше будет принесена эта кровавая жертва, нежели хоть один закон нашей страны потерпит поругание", — так сказал король-отец, подписывая смертный приговор молодому фон Катте, и слова его великий Фридрих впоследствии одобрил.

— Да подкрепят мой дух мужественные примеры доблестных людей! — воскликнул Павел, ставя на прежнее место книгу.

Он вернулся к себе в кабинет, но заниматься делами не мог. Надо было сейчас, сию минуту что-то предпринять относительно Александра. Но он вдруг забыл, что именно. Отметил горестно, что все чаще проваливается вдруг его память на полумысли, на полуслове.

— Ничего, — ободрил он сам себя, — здесь все силы ко мне вернутся, только никуда из Михайловского замка, ни шагу. Разве что верхом в Третий летний сад. Теперь и к Аннушке Гагариной тут же, по витой лестнице, под собственный кабинет, этажом ниже. Перехитрил заговорщиков — переехал, сколь ни чинили препятствий. Недостроено, сыро. А на что камины? Пылают денно и нощно. А ежели у великой княгини, Александровой супруги, от сырости мигрень? Ну что же — потерпите, мадам.

Павел сделал насмешливый поклон в пустое пространство и вдруг вспомнил то, что только что позабыл. Усиленно забилось сердце. Проверять надо наследника Александра — вот что он позабыл. Лицемерию выучился у бабки, под внешней покорностью скрывать свои планы. Удалось бы ей в свое время незаконно взойти на престол, если бы она не была величайшим мастером лицемерия. Проверять Александра надо внезапно, когда он того не ожидает, как птицу хватать на лету...

И Павел, торопливо спустившись вниз по лесенке, пробежал анфиладу комнат и без доклада вошел к Александру в кабинет. Стремительно подбежал к нему, испытующе глянул в глаза:

— Чем, сударь, заняты?

Александр ужасно смутился. Было так, словно отец поймал его на месте преступления. Он ничем не занимался. Он часами теперь сидел так и смотрел в одну точку, когда его не видел никто. Граф Пален словно взял его, как маленького, за руку, насильно перевел через шаткий мосток над бурной рекой. И мост рухнул, и назад уж нельзя. А под ногами разверзлась пропасть, двинешься — упадешь. И всего лучше было ему ни о чем не думать, а недвижно сидеть: чуть дышать, почти умереть.

— Чем сейчас были заняты? — повторил грозно Павел и обежал глазами комнату.

— Я, батюшка, так сидел, — проговорил угасшим голосом Александр.

— Подходящее занятие для наследника престола, — рванул резко Павел и вдруг приметил на письменном столе отодвинутую вглубь раскрытую книгу. Перед ней, как бы заслоняя ее, стоял глобус.

— Наскоро поставили, заслонить? — ехидно спросил Павел. — А ну-ка посмотрим, что вы изволили, сударь, читать?

Павел схватил раскрытую книгу, пробежал быстро глазами, покраснел, запыхтел. Александр, вытянувшийся как на смотру, побледнел при этих ему известных угрожающих признаках гнева отца.

— Вы, сударь, отодвинули и заставили глобусом книгу, дабы я не приметил, что именно вам было угодно читать.

— Я ничего не читал... — пробормотал Александр.

— Ложь! — крикнул Павел. — Вот он, восхваляющий убийство Цезаря стих Вольтера, ваша книга была раскрыта как раз на нем. Вы, сударь, поглощали Брута.

И Павел продекламировал по правилам французской трагедии, с подчеркнуто ироническим оттенком голоса:

— Rome est libre. II suffit. Rendons graces aux deux![2]

— Да за одно это чтение вы достойны... — Павел махнул рукой, побежал к двери, остановился, бросил на пол оставшуюся в его руках книгу, от ярости понизив голос, сказал: — Но прежде всего вы с вашим братом будете вторично приведены к присяге верности вашему императору генерал-прокурором Обольяниновым.

Павел ушел. Александр, медленно подняв книгу, положил ее снова на стол и, сев на прежнее место, застыл без мысли, без чувства.

Очень скоро доложили ему приход одного из государевых адъютантов, того самого, который послан был к Суворову возвестить о запрете приезжать в Михайловский замок.

Ничтожный придворный человек, с незапоминаемым мелким лицом, сказал фальшивым голосом царедворца, которому лестно нанести безнаказанно царскому сыну удар:

— Его величество присылает вашему высочеству для справки жизнеописание Петра Великого с нарочитым

---

[2] Рим свободен. Довольно. Возблагодарим богов! (фр.)

назиданием прочесть страницы, посвященные последним его приказам относительно судьбы его наследника.

Александр машинально взял из рук адъютанта большую книгу, кивком головы отпустил его и прочел выразительные строки о присуждении к смертной казни царевича Алексея.

Слезы брызнули из его глаз. На красивом лице проступила обиженная растерянность. Не вытирая слез, измученный, он прошептал:

— И некуда мне убежать.

Вечером в Михайловском замке был французский концерт. Все ощущали большую тревогу: зачем это пение, зачем бриллианты мадам Шевалье, когда вот-вот грянут события?

Уже пошли в городе шепоты о предрешенном аресте обоих великих князей. Вызывали в памяти кровавый конец отца Павла, и во главе заговорщиков называли сыновей тех, кто убил Петра Третьего. Неужели опять повторение?

Император сидел на концерте сумрачный и не обращал внимания на пение своей любимицы Шевалье, о которой еще недавно поговаривали: она-де заступить должна место Гагариной.

Перед выходом к вечернему столу император надумал какое-то сценическое появление, особое воздействие своей персоной, как во французских криминальных драмах, дабы уличить нежданно преступников. Распахнулись обе половинки дверей, и он, уже некоторое время ожидаемый, подошел к императрице, скрестив на груди руки. Посмотрел, помолчал, многозначительно улыбнулся. То же проделал, подойдя по очереди к обоим сыновьям. Было смешно и грозно, словно плохой актер, не разрешившийся словами, одной мимикой выразил угрожающий приговор.

Павел спешно протопал первый в столовую и сел за стол. На ужине, как на панихиде, царило гробовое молчание, а когда Мария Федоровна с великими князьями подошла, как обычно, его благодарить, Павел отскочил от них, замахал рукой, ушел, не поклонившись, к себе. Императрица заплакала.

Граф фон Пален неослабно следил за настроением Павла и решил, что сейчас ни на минуту нельзя выпускать его из рук, пока не свершится задуманное немногими, но ожидаемое всеми пресечение его безумной власти. По должности главного почтдиректора Палену было уже известно, что Павлом выписан из своей деревни Аракчеев. Времени для полной и бесконтрольной власти оставалось немного, завтрашний день грозил ссылкой, Сибирью, быть может — казнью. О заговоре открыто говорил уже город. И вот начался поединок между царем и царедворцем.

Пален, высокий, сильный, дышащий здоровьем, полный неизменной доброжелательности, несколько грубоватой, но тем более внушающей доверие, одним своим физическим видом умел, как лекарством, усыпить больные нервы Павла. Не веря Палену, боясь его, он все-таки с ним отдыхал.

План военного петербургского губернатора графа Палена был таков: утомлять государя непрерывно делами так, чтобы ничье живое влияние не прослоило того исключительного волевого обхвата всей психики Павла, который ему удалось создать. Так продержать Павла надо до вечера, до конца. Да, вечером — конец. Дольше откладывать нельзя и минуты.

Совсем на днях Павел, получивший еще один донос с перечислением заговорщиков, хвастливо почитая себя на высоте прокурорского гения, внезапно спросил Палена, пришедшего с очередным докладом:

— Вам известно, что против меня существует заговор?

И Пален ответил со своей улыбкой, убаюкивающей все сомнения:

— Почти во всех подробностях, ваше величество, потому что я сам этот заговор возглавляю. Наилучший способ держать в своих руках все нити...

Пален сказал правду, но так она была ошеломительна, что усыпила настороженность и оживила обычное самомнение Павла. Он небрежно приказал:

— Дознавайтесь скорей и докладывайте.

Сам же хитро подумал: "А как про всех доложит, его первого под арест. Разберу дело не с ним, с Аракчеевым".

Опять в памяти Павла случился провал: вызов, посланный Аракчееву, мог достичь своей цели, если б у Палена власть была отнята. Но Павел отнять эту власть позабыл, и человек, которому подчинена была вся полиция, тайная и явная, на одной из застав приказал задержать поспешившего на спасение царя Аракчеева.

Кто еще может быть опасен заговорщикам? Разрешено иезуита Грубера впускать во все часы дня и ночи. Иезуит — клеврет первого консула. Кто знает, какие у него могут явиться проекты для охранения силы, сейчас готовой служить замыслам его хозяина против Англии?

И Пален патера Грубера очень хитро не пустил. Любезнейше попросил его повременить, пока не будут государем подписаны дела первой важности. Большого хитреца перехитрил набольший. Грубер доверился приветливо почтительному Палену и с терпением ждал.

Когда Павел, не выносивший долго усидчивой работы, спросил Палена, который с расчетом на это качество государя завалил его подписью бесконечных бумаг: "Ну, еще что... еще что?" — Пален с сокрушенным сочувствием вымолвил:

— А еще патер Грубер ждет с толстой тетрадью собственных мыслей о необходимости соединения церквей.

Расчет Палена, как всегда, попал в точку. Утомленный Павел воскликнул:

— Послать патера к черту с церквами и тетрадями.

Павел ездил кататься верхом в Третьем летнем саду, потом долго разговаривал с Коцебу, недавно возвращенным из ссылки. Это входило в план: занятия невинные, развлекательные, не таящие в себе угрозы возникновения опасных заговорщикам мыслей. Павел поручил Коцебу описание любимого своего замка, очень интересовался, как подвигается работа. Развеселился, проходя мимо статуи Клеопатры. Высказал предположение, что египетская очаровательница потерпела неудачу у Августа единственно оттого, что красота ее несколько перезрела. Между тем, обольсти она Августа, не понадобились бы ей общеизвестные нильские змейки, чтобы самовольно пресечь свои дни.

К своему письменному столу Павел подошел радостно возбужденный. Глянул на картину Ледюка, изображавшую рыцаря, которого почитал своим охранителем, как обычно кивнул ему головой, словно живому, и с лукавой усмешкой вытащил из ящика копию своего послания всем правителям европейских государств о вызове их на рыцарский турнир. Внезапно нахмурился и сел писать приказ на имя барона Криденера, посланника в Пруссии, с требованием объявить прусскому королю предписание занять Ганновер.

Краска выступила на бледных щеках Павла. Промелькнуло в голове, что прусский король может его ослушаться. И он гневно приписал в конце приказа Криденеру: "Если король не займет Ганновер, вы обязаны в 24 часа оставить его двор". От того, что он написал, гнев его еще возрос. Перед его воображением встал уже чей-то сговор, сопротивление. Он не доверял своему прусскому послу. Он схватил другую бумагу и написал Колычеву в Париж с повелением самому Наполеону передать его предложение вступить в курфюршество ганноверское ввиду нерешительности берлинского двора.

Велел позвать Палена. Все сильнее не веря ему, боясь его,

Павел тем не менее через него отправил обе только что написанные бумаги.

В послании к Криденеру Пален осмелился приписать от себя: "Государь очень болен... скоро это будет иметь свои последствия".

Пален шел на крайний риск: или сегодня ночью, или никогда.

Дальнейшие события развернулись так, что оставили в истории еще одно доказательство победы сильной воли, знающей свою цель, над характером, подчиненным мимолетным капризам и чувствам, характером, не умеющим не только защитить свою жизнь, но, словно в угоду твердо начерченному плану врага, как бы усерднее всех исполнявшим его предначертания.

Павел грозно объявил сыновьям домашний арест, чем снял с Александра невыносимые укоры его легко раздражимой совести, так что генералу Уварову, приставленному Паленом к наследнику, дабы тот не предпринял каких-либо опасных для заговорщиков шагов в порыве раскаяния в данном им слове, не пришлось прибегать к защитительным мерам. Уваров только вторил Александру в его розовых грезах относительно той удобной, безответственной жизни, которую надо будет теперь устроить больному, отошедшему добровольно от власти императору.

Уваров охотно и многократно повторял Александру клятву, данную ему Паленом, что, конечно, жизнь Павла для всех священна и никакого урона его здоровью нанесено быть не может. Александр охотно верил и быстро успокаивался, избегая смотреть в точные, исполнительные глаза Уварова, словно боясь в них прочесть насмешку и осуждение.

И Александр в глаза Уварова не смотрел и ненужных вопросов ему не предлагал. Он хотел, как всегда, не истины, а только покоя.

Оставалось еще последнее препятствие, которого Пален имел основания, как он сам впоследствии говорил, опасаться более всех: полковник Саблуков, командир эскадрона, должен был выставить караул в ночь на двенадцатое марта в Михайловский замок. Этот несокрушимый человек был верен присяге и Павлу.

Пален поручил генералу Уварову устранить и его. И точный, спокойный Уваров этого добился легко. Он только шепнул Павлу, что молва идет об эскадроне Саблукова, будто все они — якобинцы. И за три часа до своей гибели Павел своей волей удалил последнюю свою защиту — беззаветно преданного Саблукова.

Впрочем, воли своей у Павла уже не было, он лишь отдавал распоряжения, повинуясь воле чужой. Сознание Павла было как прозрачная среда, через которую, не задерживаясь, проходил луч твердого, определенного руководства.

И вместе с тем чувствительность его была обострена до предела, переходила порой в ясновидение. В последний вечер своей жизни он был как-то причудливо весел, о чем, вспоминая горький опыт пережитого, вдруг сам сказал;

— Сей род веселости у меня всегда бывает перед особо большой печалью.

Он любезно шутил со всеми, кто был за ужином, наследнику, хотя тот и был под домашним арестом, вдруг многозначительно сказал слова, как того вовсе не требовало вызвавшее их маловажное событие. Наследник чихнул, а Павел привстал, изысканно ему поклонился и произнес с подчеркиванием:

— Исполнение всех ваших желаний.

Уходя же к себе после ужина, сделал две вещи, которые, будучи очевидцами рассказаны своим знакомым, облетели город, занесены были в дневники современников и вошли в историю.

Павел подошел к зеркалу, рассмеявшись своим хриплым, отрывистым смехом, сказал:

— Как странно, я вижу себя со свернутой шеей!

И затем, уже уходя к себе в спальню, остановился у дверей, ни к кому не обращаясь, произнес, как фаталист-мусульманин:

— Чему быть — того не миновать.

Около одиннадцати часов вечера заговорщики собрались в квартире Талызина, командира Преображенского полка. Много было выпито, все готовились к важному делу, но в чем именно оно будет состоять, знали очень немногие. В половине двенадцатого появился Пален. Еще потребовалось шампанское. Подняв бокал, Пален скромным, но твердым голосом сказал свои решающие слова:

— Поздравляю с новым государем.

Еще ничего с Павлом не было окончательно решено. Он еще царствовал. Все мосты подъемные были подняты. Все караулы на месте. А хитроумный Пален заставил присутствующих выпить с ним вместе за здоровье государя нового, чем как бы перевел по ту сторону дела, уже свершившегося. Коварный знаток слабых сердец, он сделал и с собранными офицерами то, что ему уже удалось сделать с

Александром. Он в их мыслях переставил в уже прошедшее то, что им еще только свершить надлежало. Он освободил слабых от выбора, этого тяжкого бремени сильных людей, и крикнул, как на подчиненных.

— Стройтесь в две колонны! Разделяйтесь — кто пойдет со мной, кто с князем Платоном Зубовым!

Никто не трогался с места. И тут не хотели брать на себя ответственность. К тому же все были нетрезвы.

— По-ни-маю, — протянул несколько презрительно Пален. И до конца принял решение на себя одного. Он брал офицеров, как детей, за руку и отводил одного вправо, другого влево. Сказал Платону Зубову:

— Вот эти — с вами. Прочие со мной. В Михайловский замок, господа!

Войдя во дворец, Пален передал, тоже ганноверцу, генералу Беннигсену, крепкому, хладнокровному чело-веку, главенство над своей половиной и направился в покой императрицы. Вошел к дежурной статс-даме и стал ей рассказывать обстоятельно, что сейчас происходит на половине государя.

В качестве плац-адъютанта заговорщик Аргамаков знал отлично все ходы, и выходы, и потайные коридоры, по которым должны были дойти до спальня Павла.

Поднялись по лесенке в маленькую кухню, смежную с прихожей, перед спальней государя. Здесь спал охранитель, камер-гусар, прислонившись головой к печке. Один из офицеров рубанул его саблей, гусар закричал во всю мочь:

— Убивают государя, спасите!

Граф Кутайсов, живший этажом ниже, проснулся от шума и кинулся было на помощь, но, устрашившись, стал спасать только себя. Как заяц, стрельнул он из замка, по дороге теряя свои ночные туфли.

Павел в испуге вскочил. Забыл или побоялся спуститься к Гагариной потайной лестницей. Спрятался в камин и заслонился экраном.

Едва заговорщики гурьбой вошли с шумом в спальню, как на лестнице раздались шаги и бряцание оружия. Все решили, что их сейчас арестуют, и шарахнулись бежать. Генерал Беннигсен, высокий, худой, бледный как призрак, один не был пьян. Он мгновенно представил себе все последствия неудачи и проявил твердую решимость, не зависящую ни от каких неожиданных впечатлений. Пален знал, кому доверить выполнение дела. Беннигсен, обнажив саблю, стал у дверей и кратко сказал:

— Назад уже поздно. Зарублю. Кончайте.

Луна осветила босые ноги Павла. Беннигсен отодвинул от камина экран и, указывая на небольшую фигуру в белом полотняном камзоле и ночном колпаке, произнес по-французски:

— Le voila![3]

Беннигсен, не оборачиваясь, вышел в кабинет Павла и сделал вид, что спокойно рассматривает картины, висевшие на стенах. Когда он вернулся, все было кончено. Павел мертвый лежал на полу.

— Благопристойно уложите его на кровать, — приказал Беннигсен и пошел навстречу входившему Палену.

Когда к Александру кто-то из приближенных обратился со словами: "Ваше величество", он понял, что отец его умер, и забился в истерике.

— Вам ведь было известно, — желая сказать мягко, но с плохо скрытой усмешкой сказал Пален, — вам было известно, что исход заговора означал для вас либо престол, либо заточение, если не гибель. Что же так вас теперь убивает?

— Вы мне клялись, что отец будет жив!

— Меня в это время не было в спальне императора, я охранял вашу матушку, — не дрогнув, сказал Пален и с прорвавшейся вдруг властностью приказал:

— Довольно ребячиться. Ступайте царствовать. Покажитесь народу.

Карл Росси, выйдя поздно вечером из дома Тугариновых, от захвативших его мыслей и чувств не мог сразу вернуться домой. Он пошел бродить вдоль Невы по любимому городу. Душа его была переполнена, и встревоженные чувства мешали ясности мыслей. Как вдруг все перевернулось в его судьбе! Капризная и надменная Катрин, которая нанесла такую рану его первой наивной любви, сама полюбила его, и самые несбыточные грезы, от которых он давно отказался, сейчас могли стать действительностью. Катрин расположила к нему своего отца, и тот, собрав о нем сведения от своих придворных знакомых, художников, ловко выспросил и Бренну и получил впечатление, что юноша Росси, сын знаменитой балерины, если разовьет свои гениальные способности, превзойдет славу матери. Такого многообещающего художника, прекрасного собой и с отменными манерами, можно и приласкать. Катрин же пошла еще далее. В очень задушевной беседе она призналась, что пережитое ею недавно, основанное на расчете,

---

[3] Вот он! (Фр.)

отношение к князю Игрееву вызвало навсегда отвращение ко всякой лжи и нечестности в области чувств. Пример же прекрасной любви Сильфиды и Мити открыл новый для нее мир свежей радости и красоты, перед которыми бессильны все колкие насмешки господина Вольтера, чьей жертвой она так легковерно была. Словом, Катрин как будто заново родилась и просила простить ее за прошлое, не оставлять своей дружбой в будущем. Отец надавал Карлу кучу очень интересных заказов, он оказался истинным ценителем искусства, и часы, проведенные с отцом и дочерью, были теперь полны новой, неиспытанной прелести. Тугарин просил Карла бывать у них каждый день...

"Если бы все это случилось раньше, — с горечью думал Карл, — как могли мы быть счастливы! Сейчас же за каждой ее улыбкой я вижу только новый каприз, завистливое желание самой испытать те чувства, которые приоткрыла ей настоящая любовь других. Но мне ль стать игралищем ее опытных упражнений? А если во мне говорит самолюбие? Если чувства этой девушки, почему-то запоздавшие сравнительно с развитием ее разума, сейчас расцветают тем нежным цветом, как это было несколько месяцев тому назад со мной самим? И я из чувства мести заставлю ее пережить все те страдания, которые пережил сам?"

Так, переходя от невольного увлечения новой прелестью Катрин и тут же уничтожая зародыш воскресающего чувства иронией, неизбежным следствием сердечной обиды, Карл, не находя себе места, забрел уже на рассвете в Летний сад и на миг забылся, восхищенный его красотой.

Неожиданное в марте ясное, теплое солнце поднималось над Фонтанкой, и уже позолотило высокий шпиль Михайловского замка. А деревья вокруг, очень черные, будто свеженарисованные китайской тушью, с особой отчетливостью наложили сложный переплет своих ветвей на бледно-голубое небо.

Выйдя на мост перед замком, Карл с изумлением остановился. У ворот, которые ведут во дворец и где обыкновенно стояли двое часовых, он заметил целую роту под ружьем. Вокруг замка происходил какой-то неуловимый беспорядок, и в разных направлениях шли различные части войск. Но самой поразительной была возникшая наверху лестницы парадная фигура кастеляна Брызгалова. Он, как обычно, в своем ярко-малиновом сюртуке с золотыми позументами, держал в руке саженную палку, но был без шляпы, и седые волосы его колебал ветер. Кастелян замка показался Карлу либо пьяным, либо вдруг сошедшим с ума. Ясно было одно — что-то необыкновенное произошло за эту ночь в замке.

Росси быстро направился к дому учителя — Бренны, жившего неподалеку, он должен был знать все в подробности.

Данилыч, старый лакей Бренны, сказал, что барин срочно вызван "графом Палиным" во дворец еще ночью, и всхлипнул:

— Сходствие требуется императору навести! Уж так он, государь-батюшка, изуродован. Глаз ему вырвали...

Старик дрожащими от волнения руками открыл Карлу дверь в кабинет.

— Ты в бреду, Данилыч, иль с похмелья? — изумился Росси.

— Какое похмелье, — махнул Данилыч рукой, — этой ночью объявлено графом Палиным, будто скончался наш государь внезапно, ударом апоплексическим. Ан всем уж ведомо, что удар тот разбойничий. Табакеркой в висок его Зубов хватил. Прямо насмерть.

Росси вспомнил нелепо нарядного Брызгалова без шляпы на лестнице замка и понял, что слова Данилыча — чистая правда.

А старик лакей, обычно подтянутый перед господами, вдруг обессилел и, не спросив разрешения, опустился в кожаное кресло.

— Все это у Палина давно было подстроено, а на государя им словно наваждение напущено. Своими руками стал гибель свою торопить. Поручик один ночью к барину приходил, подслушал я, как рассказывал. Полковника-то Саблукова, преданного государю, с внутреннего караула просто волшебством убрали. Слыхал поручик, Палин кому-то сказал: всех опаснее нам тот Саблуков мог оказаться. А собачка белая государева ведь так к нему и ластилась, словно последнюю защиту хозяину чуяла. Сейчас как сквозь землю эта собачка пропала.

— Когда именно поручик за твоим барином приходил?

— Не так давно. А прикончили государя задолго до рассвета. Истоптали всего, а тут народу его надо показывать — устрашились. Выручай их! И из караула некий, — тут у нас в доме кума живет, — еще рассказывал, что нового государя Александра родная матушка силком к отцову телу подвела да как закричит: "Смотри... на всю жизнь смотри да помни". А покойнику лицо воском уже обмазали, подкрасили, да всё, видно, не так. Шляпу, слышь, низенько ему нахлобучили, чтоб и глаз не видать. Так и народу покажут. Мыслимое ли это дело, императорское, миропомазанное, в бозе почившее лицо — и вдруг в шляпе?

Из передней слышно было, что кто-то вошел, впущенный швейцаром. Данилыч кинулся открывать дверь.

Бренна появился бледный, с таким застывшим выражением ужаса на лице, что Карл только молча пожал ему руку.

— Хорошо, что вы здесь, друг мой, — сказал устало учитель, — вы совершенно сейчас необходимы. Я больше не в силах там присутствовать. Я любил его... — И Бренна заплакал, повторяя, сам не зная того, ту самую фразу, которую по-французски твердил Павел кинувшимся на него заговорщикам: — Что... что он им сделал?

Бренна, погруженный в свои большие хлопоты по сооружению Михайловского замка, при постоянных докладах Павлу о текущей работе видел его неизменно любезным, щедро доброжелательным. Увлечение замком было светлой минутой Павла, его лучшим отдыхом. Далекий от непонятного ему русского быта, не испытавший на себе всеобщего гнета, итальянский мастер, как многие иностранцы, воспринимал Павла обязательно любезным, рыцарственным человеком.

— Я вас попрошу, дорогой Карл, посмотреть, чтобы не испортили тон кожи, составленный мной. При наложении на лоб и виски придется добавить охры; впрочем, вы увидите сами. О, как ужасно он изуродован! Римляне не смогли бы столь безобразно убить. Но идите, идите скорей. Окоченение уже прошло, работать можно. Вас внизу ждут мои сани...

Карл вышел и сел в маленькие санки, которые только что привезли Бренну. Хотя до Михайловского замка было недалеко, он с трудом пробрался сквозь густую толпу разного люда. И толпа все росла, несмотря на войска, шеренгой стоявшие на улице. И страшно было понять, что толпа эта была не только бурно радостна, она просто ликовала, как в самый большой праздник, как в день одержанной победы.

Дальше в санях двигаться было нельзя. Карл вышел. Он пешком прошел через площадь Коннетабля. Невольно задержался его взор на нарядной статуе Петра, которую Павел извлек из мрака и воздвиг среди площади. И надписал: "Прадеду — правнук". Карл невольно вспомнил о всем известном видении Павла, как однажды по набережной ему сопутствовал его великий предок и, горестно пожалев его, сказал: "Бедный император, бедный Павел".

Эти слова неотступно звучали сейчас в ушах Карла, когда он шел мимо караула, задавая себе вопрос — где ж были они, преображенцы, семеновцы, одни, кому покойный слепо доверял? Почему пропустили убийц?

Карл дошел до великолепных дверей, богато изукрашенных щитами, оружием, медузиными головами. Змеи покрывали их вместо волос и казались зловеще ожившими...

Сквозь знакомую анфиладу комнат Карл прошел в парадные покои Павла, овальную переднюю залу, отделанную под желтый мрамор. Здесь художники торопились создать какое-либо сходство изуродованного лица лежащего перед ними трупа со всем знакомыми чертами покойного императора. На стенах этой комнаты было шесть больших исторических картин. "Покорение Казани" в великолепной группировке Угрюмова, его же "Венчание на царство Михаила" и "Полтавский бой" — отличная картина Шебуева. Огнемечущий, горя глазами, великий Петр стоял рядом с благородным Шереметевым. Петр был полон гнева, словно за то, что под его ногами, на простом большом столе, распростерто было изуродованное тело его правнука.

Лицо Павла было страшно. Без парика, бледно-желтое, с глубоко пробитым виском, с правым глазом, выпавшим из орбиты. Глаз лежал на щеке и не по-человечески внимательно смотрел в одну точку. Карлу почудилось — на него.

Чтобы собраться с силами и приступить к работе, Карл большим усилием воли, словно в океан света, погрузился в воздушную перспективу прекрасной картины Причетникова "Плавание по Босфору".

Внизу кипела страшная работа: живописцы, руководимые врачом-анатомом, наращивали недостающие кости, сорванную кожу, красили черные пятна, кровоподтеки.

Подойдя к ним и глянув на то, что вчера еще звалось императором Павлом, Росси невольно воскликнул:

— Как же привели его в такой вид?

— А вот сумели, — сказал молодой врач с укором, как будто и Росси был участником дела. — Ногами топтали, пока один не догадался снять с себя шарф и прикончить.

Подошел знакомый художник, тоже бледный от волнения, но, видимо, не разделявший осуждения врача:

— Злодеев тут не было! Сами обстоятельства принудили его убить. Пока шел разговор об отречении, послышался на лестнице шум. И Павел так кричал, что нельзя было его оставить, и вот, — художник показал на висок, залепленный воском. — А если бы этого не сделали, наутро вместо одного безумца сотни и тысячи умных отправились бы в тюрьмы.

Все принялись за работу: время летело, и откладывать

доступ к телу было опасно. В толпе росли слухи, будто Павла придворные отвезли в Шлиссельбург. Люди требовали доказательств его смерти, чтобы присягать Александру.

Наконец облаченное в императорскую мантию тело вознесено было на парадное ложе, близ которого на небольшом столе, покрытом малиновым бархатом, засверкала золотая корона.

Когда все было перенесено флигель-адъютантами в малую тронную залу, народ был допущен для прощания, но без обычного коленопреклонения и молитвенной остановки у тела.

Но хотя проходившие увидали одни лишь подошвы ботфорт и поля широкополой шляпы, надвинутой до бровей, как предупреждал Данилыч, весь город поверил, что государь умер, и — шептали друг другу — не своей смертью.

Чрезмерная белизна лица делала Павла похожим на иссеченного из мрамора, а глубокий пролом виска не удалось скрыть и под шляпой.

Удивило Карла, что ни возмущения, ни гнева против убийц в городе не было. Их имена произносили с каким-то почетом. Они были у всех на виду, на них показывали с благодарностью, как на неких римлян, освободителей отечества. Так и сказал один из придворных Зубову.

Радость внезапного освобождения от четырехлетнего гнета и неуверенности в завтрашнем дне охватила город. Очевидцы события уж заносили в свои дневники, что "на улице даже незнакомые обнимались, как в христов день, и поздравляли друг друга с новой, свободной жизнью".

Отмечали суеверно, что сама природа дала благословение новому государю. "До двенадцатого марта было пасмурно, непрестанно дождило, а с воцарением Александра вдруг ранняя развернулась весна, и солнышко, редкий гость петербургского серого неба, засияло, как на юге".

Хотя на то не отдавалось приказа, сами жители в честь Александра иллюминировали свой город. И тоже немедленно, без снятия запрета, наложенного Павлом, украсились головы круглыми шляпами, и появились на свет прочие принадлежности модного туалета, недавно еще аттестованные "якобинской отравой".

По городу во все стороны понеслись запрещенные Павлом упряжки с форейторами, с кучерами в русской одежде, с неистовым криком: па-а-ди!

Люди спешили увериться, что опять могут жить, опять наконец веселиться, как того просит душа.

Поэт Державин, выражая общее ликование, написал оду:

"На всерадостное восшествие на престол императора Александра Первого, случившееся двенадцатого марта, когда солнце в знак Овна, на путь весны, вступило и началось новое столетие 1801 года".

Эта ода заключала в себе очень прозрачные намеки на только что приключившееся событие в Михайловском замке, хотя Державин утверждал, что сие не что иное, как риторическая фигура, знаменующая наступление весны:

Умолк рев Норда сиповатый,
Закрылся грозный, страшный зрак...

Генерал-прокурор запретил печатать оду, отлично поняв, как и все, к кому именно относилась риторическая фигура, чей закрылся "грозный зрак" и чей вдруг умолк столь памятный, перед вспышкой опасного гнева словно осипший голос.

Потрясенный смертью Павла и своим участием в создании ему маски отдаленного сходства, Карл проводил бессонные ночи. К его встревоженным чувствам присоединилась и личная мучительная борьба с самим собою: он то посещал ежедневно Тугариных, то пропадал на целые недели.

Ночи заметно посветлели, и под утро небо делалось такое нежно-зеленое, уносящее вдаль, что усидеть дома было трудно.

Нева вскрылась рано. Льдинки то двигались плавно, чуть касаясь друг друга, то вдруг могучей волной вздымался задний их ряд и набегал на передний; недолго так держались, взгромоздившись горой, и внезапно, как войско в атаку, льдины с грозным шуршанием соскальзывали в воду, на миг раздвигая черную полынью. Уже запахло весной, и в сыром воздухе стали мягкими все очертания.

Карл пошел снова в излюбленный Летний сад. Сел на скамью под ветвистую липу так, что хорошо видна была вся темная громада замка. Долго сидел здесь, как бы прощаясь со своей ранней юностью, тесно связанной с этим Михайловским замком. На древке уже не плескался царский штандарт. Александр и все члены императорской фамилии переехали в Зимний дворец, подальше от тяжких воспоминаний. Но Карл, помимо воли глядя на замок, стал силой воображения воскрешать страшную ночь, двигая время назад от того мгновения, когда поутру появился на этих вот гранитных ступенях в придворной ливрее кастелян Брызгалов.

Как ни тихо шли заговорщики, они, говорят, спугнули тех бесчисленных ворон, что спокойно сидят сейчас в своих гнездах. В ту же ночь, как нарочно, всполошилось все это черное пернатое царство, и такое поднялось карканье и хлопанье крыльями, что даже Пален на мгновенье подумал, не сорвалось ли все его дело и, как, по преданью, в последнюю минуту опасности загоготавшие гуси спасли Рим, эти зловещие птицы своим карканьем не подымут ли сейчас государя. И что же тогда? Арест, Сибирь или казнь? Но вот вороны внезапно умолкли. Их карканье не спугнуло сон императора. В своем охраняемом замке, при поднятых мостах, проверенных караулах, он не боялся измены, расквартировав последний подозрительный эскадрон Саблукова в далекой деревне. Между тем самый доверенный его человек, плац-адъютант Аргамаков, уже давал самолично приказ опустить малый подъемный мост, чтобы впустить заговорщиков.

Карл так долго смотрел на два окна бельэтажа, выходящего на Садовую, где была спальня Павла, что ему уже стало казаться — вот-вот откроется осторожно окно и выглянет знакомая курносая голова в ночном колпаке и полотняном камзоле, в каком обычно спал Павел...

Росси очень тосковал, что в такие для него тяжкие дни нет в городе Воронихина. Пошел наведаться, когда можно его ждать, и вдруг оказался приход его как нельзя кстати: Воронихин только что приехал. Карл рассказал ему все, что знал из городских толков про последние дни государя и про его смерть. Воронихин долго ходил по ковру своего кабинета.

— Главная ошибка Павла, — сказал он, — его убеждение, что мир размежеван на участки и Россия, как поместье, вручена ему самим богом в полную власть. Себя он действительно считал проводником высшей воли. Отсюда всем видимый деспотический произвол превращался в его больной голове в особую миссию, вроде крестового похода, который ему неуклонно надлежит предпринять. Так было с отправкой армии в Италию в угоду Австрии против Франции, а через несколько месяцев последовал поход обратный, уже в союзе с Францией против Англии на Индию.

— А что тут и там погублены тысячи, что донские казаки посланы на верную смерть? Да неужто за них он не чувствовал ответственности? — воскликнул Карл.

— Едва ли он мог давать себе ясный отчет о последствиях этих, как он полагал, подсказанных ему свыше решений.

— Вот чего не могу я понять, что мучит меня, когда о нем думаю, сказал живо Росси, — ведь я видел его близко и не могу ошибаться в том вдохновении благожелательного чувства, каким в светлые минуты просто сияло его лицо. Я был свидетелем его благородства, доброты и сочувствия. Почему так могло случиться, что именно этот человек, с большими задатками добра, наделал столько зла, что город всеобщим ликованием встретил его смерть?

— То же самое и в Москве, — подтвердил Воронихин, — с необычайным страхом ждали увидеть Павла на больших маневрах, к которым готовились в окрестностях. Слухи о его безобразной ярости при малейшей оплошности привели в оцепенение все умы, его ждали, как неотвратимую чуму, и я сам был свидетелем бурной радости, когда судьба навеки пресекла угрозу его появления. А тебе, Шарло, — сказал Воронихин тем своим особенным, интимным голосом, который у него появлялся, когда он хотел передать ученикам свои большие знания или глубокий внутренний опыт, — тебе из несчастной судьбы Павла, которую пришлось так близко наблюдать, для твоего собственного развития важнее всего запомнить один нерушимый закон.

— Я слушаю, Андрей Никифорович, — насторожился Карл.

— Тебя поражает величайшая дисгармония? Человек хотел блага, а совершал злое? Но дело в том, что одних благих намерений мало; как известно, ими вымощен ад. Чувство, мысль, идея получают свою реальную жизнь, только когда они закреплены отчетливой, для всякого зримой, защищенной разумом формой. Но если человек — в данном случае Павел возникающий в нем огонь чувства, пускай даже порой превышающий то, что доступно среднему человеку, — отдает одним бесплотным мечтам, ему жизнь не прощает. Павел не имел ума и характера осуществлять необходимые для всеобщего блага замыслы, подобно тому, как это умел его великий предок Петр. Он не двигал жизнь, он не делал никому ее условия легче и прекраснее; напротив того, не понимая законов развития и движения своей страны, засорял ее всяким вздором. И законно, что вместо восторгов и благодарности потомков, какие вызывают дела Петровы, произвол и капризы Павла, не превращенные в нужное дело, вызвали только проклятия. Запомни, Шарло, это нужно для каждой работы: восторг зарождения — только искра. Эту искру еще надлежит раздуть в пламя.

— Я чувствую истину ваших слов, — сказал Карл, — но как это сделать? Как раздуть искру в пламя?

— Твердой волей, — сказал Воронихин, — столь углубленной в свое дело, что, как зажженный во тьме маяк, она приведет тебя к цели среди жизненных бурь. Едва ты возьмешься за большую работу, как на деле проверишь мои слова. Только полюбить свое дело надо больше себя.

И, внезапно смутившись, как целомудренный юноша, решивший раскрыть другу тайну сердца, Воронихин вымолвил:

— Приходи-ка, Шарло, взглянуть на мой Казанский собор. Покажу тебе акварели и план. Я закончу на днях...

Состояние Александра было ужасно. Его подавленность, глубокую грусть и раскаяние граф Пален почитал только робкой слабохарактерностью и все назойливее обращался с ним как с мальчишкой, которого он только что посадил на трон и должен научить царствовать.

Александр свободные от парадов часы проводил в уединенной скорби. Удрученный безжалостной памятью, он снова и снова переживал страшную ночь. Ежедневно узнавал он всё новые имена исполнителей, новые подробности смерти отца.

Однако не только казнить убийц Павла, как того требовала мать-императрица, но даже предать их суду Александр не находил в себе смелости.

Начни суд — что получится? Одни имена потянут за собой другие, и, как средство защиты, всеми будет помянуто о согласии, которое было вырвано у него, наследника, на предъявление акта отречения императору. Заговорщики сейчас давали слишком беззастенчиво понять, что они необходимы для безопасности молодого государя. Зубовы даже нарочно постарались, чтобы слова, которые они почитали дружеским ему советом, доведены были до него: "Из чувства благодарности и благоразумия Александру следует окружить себя теми людьми, которые возвели его преждевременно на престол, как это сделала его бабка Екатерина".

Сегодня Александру было особенно тяжело видеть Палена. Он пришел с резкой жалобой на мать-императрицу: по ее заказу выполнен образ и поставлен в одной из новых церквей, — для возбуждения против лиц, только что оказавших ей немалую услугу.

— Ваше величество, — сказал многозначительно Пален, — на упомянутом образе славянской вязью, на ленте, исходящей из уст святителей, начертан приказ не оставлять безнаказанными цареубийц. Пусть сие относится к эпизоду ветхозаветному, но прилив в эту церковь народа и вызванные образом толки получились весьма современного характера.

— Доставьте образ ко мне, я расследую, — сказал утомленный Александр и, вдруг вспыхнув, горько добавил: — Сдержали б вы ваше слово о неприкосновенности августейшей жизни, ничего б этого быть не могло.

Пален пристально досмотрел на царя. В глубине глаз

дрожала насмешка, прикрытая внимательным дружелюбием, но смущения не было.

— Да неужто ваше величество могло допустить даже мысль, что покойный император, столь ревниво убежденный в святости самодержавия, мог от него без борьбы отказаться? В борьбе же, на каковую ваше величество разумно изволили дать свое разрешение, конец не мог никем быть предвиден.

— Но ваше слово?

— Мной оно сдержано, — качнулся с достоинством Пален. — Я неприкосновенен к злому делу обезумевших офицеров. Я находился в покоях императрицы: надлежало ее уберечь от ареста. Как вам известно, предписание уже было.

Александр в отчаянии махнул рукой, указав на выход.

Пален, пожав плечами, пошел к двери, остановился, сказал вдруг совсем веселым, жизнерадостным голосом:

— Приятнейшее обстоятельство, ваше величество, прошу прощенья, чуть не забыл. Вам сейчас предстоит завершить одно доброе дело, задуманное его величеством покойным императором. Поистине, благодеяние целому семейству одним мановением вашей царской руки...

— Какое еще дело? — испуганно повернулся Александр, опасаясь, что разговор пойдет о той беременной женщине, которая объявила, что взыскана Павлом, и просила о пенсии. — Я этих женских дел знать не хочу. Решайте сами.

— Помилуйте, ваше величество, дело самое мужское: некий государственный крестьянин, сибиряк Артамонов, изобрел самокат. Модель в свое время, если припомните, представлена была его величеству, вашему родителю, и Артамонову была обещана в случае успешного выполнения модели вольная со всем семейством.

— Как же, вспоминаю, — несколько оживился Александр, — такое большое железное колесо и сиденье, как седлышко, наверху... Мы тогда посмеялись немало с братом. И что же, он выполнил?

— Извольте потрудиться, ваше величество, глянуть из окна на площадь: Артамонову приказано ждать тут с самого утра, пока не соблаговолите проверить его машину.

— Зачем же утром еще не сказали? — воскликнул Александр. — Я очень охотно взгляну, ведь мне особенно приятно, когда могу выполнить волю батюшки.

Александр быстрым шагом, так что Пален едва за ним поспевал, вышел на балкон Зимнего дворца и с любопытством оглядел площадь.

Перед балконом возник Артамонов, низко кланяясь, ведя

рядом с собой, как лошадь, большое колесо. Он был в своем синем армяке и в новых, до зеркального блеска начищенных сапогах. Он вдруг мгновенно вскочил на седло и, хлопая полами длинного армяка, много раз странной птицей пронесся большими кругами по площади, ловко спрыгнул на ходу пред балконом, где, глядя на него, улыбался восхищенный Александр.

Артамонов лихо соскочил на ходу, сорвал с головы шапку, упал на колени пред балконом и протянул к Александру обе руки.

— Самокатчик нижайше благодарит ваше величество — сказал Пален, — за дарованную по обещанию императора Павла вольную.

— В свою очередь благодарю самокатчика за то, что выполнил обещание, данное отцу.

У Александра выступили слезы на глазах.

— Кроме вольной всему семейству, как сказано батюшкой, — приказал он Палену, — распорядитесь из сумм кабинета выдать награду и на путевые расходы. Самокат приобщить к изобретениям самоучки Кулибина, собранным бабушкой.

Вечером у Воронихина, когда весело праздновали удачу с самокатом, Артамонов был печален.

— Уж выхлопатывайте поскорей, Андрей Никифорович, мне бумаги, — то и дело просил он Воронихина. — Забрать их да скорей наутек! Неровен час, опять сместят императора, а для второй пробы у моего самоката прыти не станет, к тому ж приказано его в кучу лома свалить.

— Да что ты, Артамонов, — успокаивал Воронихин, — твой самокат приказано в том же месте держать, где изобретение великого нашего самоучки Кулибина.

— То-то, что вправду велик. А где к нему внимание, где почет всему, что выдумал? Как и я, одной пользы хотел он отечеству, а его модели сперва на игрушки пустили, а как сломались, и не стали чинить.

— Но для своего самоката чего б ты хотел? — спросил серьезно Воронихин, поняв печаль Артамонова.

— А чтоб знающим механикам его испытать да улучшить — цены ему нет для военного дела. Веди шибче лошади он бежит, — сказал не без гордости Артамонов и прибавил, потускнев — А сейчас хотя бы только с вольной не передумали!

Вечером явилась к Александру мать-императрица. Еще красивая, хотя сильно располневшая, в глубоком трауре, она даже не захотела у сына присесть. Величественно стоя, изрекла свой ультиматум:

— Или я, сейчас уехав в Павловск, никогда больше сюда не приеду, или же пусть граф Пален навсегда удалится отсюда. Мне известно, что он приказал снять подаренный мной образ и произнес слова: "Я расправился с супругом, расправлюсь и с супругою".

Мария Федоровна удалилась, предоставив Александра охватившему его с новой силой отчаянию.

Опять почувствовал, что тюремной стеной окружил его этот грузный, тяжелый человек, неизменно к чему-то принуждающий. А за ним стоит и другой — Никита Петрович Панин, с изощренно-дипломатической речью, с холодным педантизмом на английский манер. Оба свергли отца, оба хотят теперь править сыном.

От ненависти к поработителям своей воли Александр вскочил и стал быстро ходить по кабинету.

Пусть лучше навек Шлиссельбург, пусть даже казнь — все лучше несказанной муки, охватившей сейчас. Панин первый заронил в сознание эту мысль, которая никогда б не родилась сама, — пойти против отца и помазанника. Но Палена он ненавидел еще сильней. Пален уверен, что он не только знал, он отцеубийства хотел. Освободиться б от Палена!

Доложили нового генерал-прокурора Беклешева.

Сменивший бывшего гатчинца, Павлова любимца Обольянинова, этот русский простой человек был приятен Александру. Беклешев далек был от придворных интриг, прославлен своей справедливостью и был в отсутствии во время заговора.

И вдруг Александр рассказал Беклешеву, как младший внушившему доверие старшему, про непосильную тяжесть отношений с ненавистным Паленом, про непреклонное требование императрицы-матери его удалить.

Беклешев сочувственно поморгал своими умными глазами на молодого царя и сказал простодушно, как бы разрешая совсем маловажное затруднение:

— Когда мне досаждают мухи и жужжат под носом, — я их прогоняю.

И как следствие этого разговора предложил тотчас представить для подписания соответствующую бумагу.

— Заготовьте и представьте,— легко вымолвил Александр, успокоенный простым и быстрым решением столь мучительного дела.

Назавтра только и речи было о том, как граф Пален явился на парад в своем экипаже, запряженном шестеркою цугом. Едва собрался он выходить, как подошедший флигельадъютант государя протянул бумагу, где по высочайшему повелению предлагалось ему выехать навсегда в свои курляндские поместья...

Карл Росси подходил смущенный к Академии художеств, приглашенный в первый раз на новую квартиру Воронихина. Андрей Никифорович женился, как давно ему прочили, на англичанке, чертежнице Мери Лонг, и занял просторную преподавательскую квартиру по своей новой должности руководителя архитектурного класса.

Браку Воронихина в среде товарищей завидовали и не без яда превозносили его хитроумие и расчетливость — одним махом убил нескольких зайцев: приобрел чудесную жену, неутомимую помощницу в работе, красивую натурщицу и хозяйку, умевшую на европейскую ногу поставить свой дом. Воронихин представил своей жене Карла как юного друга и многообещающего архитектора. Мери скоро так очаровала Карла умной сердечностью, что заставила его поверить доброму отношению к друзьям своего мужа.

Когда Мери вышла из комнаты, Карл, смеясь, признался, как он боялся, что после женитьбы Андрея Никифоровича в доме будет совсем не так, как было раньше, и вдруг оказалось, что стало еще лучше и еще больше станет сюда тянуть.

— Спасибо, Шарло, за верную оценку моего брака, — усмехнулся Воронихин. — Если друзьям становится в доме проще и веселей — это верный знак, что в союзе не вышло ошибки.

— Но какая же редкость такая удача, — сказал грустно Карл, думая о сложности своих отношений с Катрин.

Воронихин словно угадал его мысли:

— Можно спотыкаться, Шарло, пока не видна, не ясна окончательно главная цель жизни. Но избранное дело уже само поведет. Запомни, жену надо искать только такую, которая этому избранному тобой делу и захочет и сможет помочь.

— Андрей Никифорович, я запомню ваши слова, — серьезно сказал Карл, — если бы знали вы, как они сказаны кстати. Я только что получил из Италии письмо от Катрин. Она зовет меня к себе, прямо в Рим, а я должен ехать с Бренной во Флоренцию, где смогу тотчас начать занятия в Академии. Катрин пишет, что дольше месяца она меня ждать не станет и вернется обратно в Россию. Вы понимаете — это решение ее судьбы, так же как и моей.

— И ты ей ответил?

Карл помолчал. Потом, не глядя на Воронихина, тихо сказал:

— Ваши слова мне помогут ей ответить, что я еду в Италию только учиться и путь мой — во Флоренцию.

Воронихин пожал Карлу руку:

— Ты решил верно, Шарло. Искусство ревниво. А сейчас, на прощанье, пройдем в мастерскую. Я покажу тебе акварели собора и план.

Указывая на развешанные по стенам подготовительные работы к Казанскому собору, Воронихин стал говорить как бы сам с собой, впервые, может быть, выражая словами то, что давно родилось и зрело без слов:

— Мне прежде всего хотелось, при всей монументальной грандиозности здания, дать его легким, полным света. Поэтому видишь, Шарло, как велики здесь окна, как утончены подпоры купола. Император Павел очень стеснил полет моей фантазии, предрешив общее впечатление собора. Он ведь настаивал на сходстве с римским собором святого Петра. Сколько я промучился, пока не нашел выхода вот в этих колоннадах. Двумя могучими потоками они вливаются со стороны Невского проспекта, — указал Воронихин на план. — Обрати внимание, Шарло, они вливаются в многоколонный же портик, сильно выдвинутый из их линии, что создает впечатление входов и выходов. Ты понимаешь мой замысел?

— Понимаю, — отозвался восхищенный Карл, — колоннады благодаря этому не являются простой декорацией площади, как в Риме. Какое счастливое разрешение вас посетило. Вместо внушающего трепет величия торжественного круга — какая стройная, какая легкая у вас получилась дуга.

— Ты угадал. Мотив легкости мною положен в основу всей громадной постройки, но для этого неизбежно соорудить такую же колоннаду и со стороны противоположной. А здесь вот, на западе, соединить в одно грандиозные дуги. Представь себе, Шарло, в пасхальную ночь много сотен людей с зажженными свечами во всех колоннадах собора. Какое море огня, какое море света!

— Андрей Никифорович, — воскликнул Росси, — вы достигли своей цели. Вы внесете в наш сумрачный день и прозрачность, и воздух, и радость...

— Когда б удалось, — сказал тронутый Воронихин. — Я много думал о воздействии архитектуры на сознание. Как уничтожает, расплющивает человека готика, как, словно устрашив его, уводит насильственно ввысь от земли. Порой утомляет глаза и торжественность победительного Рима. Нагромождение барокко пресыщает чувство, неуловимо подменяет его чувственностью и рассеивает своей пышностью, дробит на мелочи потребность простого и прекрасного. Моя задача скромна. Я не хочу поражать, восхищать или пробуждать дремоту ленивой совести удручающим взлетом сводов, тяжестью купола, угрожающей тенью неосвещенных углов. Я только хочу, чтобы в моем создании преодолена была тяжесть. Обилие внешних и внутренних колоннад своей гармоничной соединенностью должно снимать всякое бремя. Войдя в мой собор, пусть каждый свободно вздохнет, пусть, сбросив с плеч груз мертвящих волю горестей и забот, во всю мощь наберет себе свежих сил. Я верю, Шарло, в благородство природных сил человека. Пусть моя работа создаст условия, которые хоть немного помогут их развитию.

— Судя по великолепию вашего плана, я уверен, что вы эти условия создадите, — сказал Росси, крепко пожимая Воронихину руку.

www.ingramcontent.com/pod-product-compliance
Lightning Source LLC
Chambersburg PA
CBHW010807250626
47156CB00010B/3025
9781644398531